乡村振兴背景下
农村法治化治理研究

李金鹏　著

中国原子能出版社

图书在版编目(CIP)数据

乡村振兴背景下农村法治化治理研究 / 李金鹏著
. --北京:中国原子能出版社,2023.6

ISBN 978-7-5221-2783-5

Ⅰ. ①乡… Ⅱ. ①李… Ⅲ. ①农村－社会主义法制－
建设－研究－中国 Ⅳ. ①D920.0

中国国家版本馆 CIP 数据核字(2023)第 117981 号

乡村振兴背景下农村法治化治理研究

出版发行	中国原子能出版社(北京市海淀区阜成路 43 号　100048)	
责任编辑	王　蕾	
责任印制	赵　明	
印　　刷	北京九州迅驰传媒文化有限公司	
经　　销	全国新华书店	
开　　本	787mm×1092mm　1/16	
印　　张	11	
字　　数	186 千字	
版　　次	2024 年 1 月第 1 版	2024 年 1 月第 1 次印刷
书　　号	ISBN 978-7-5221-2783-5	定　价　68.00 元

前　言

　　我国是非常典型的农业大国,农村占地广阔,农村人口庞大,农业的发展相当广泛,因此乡村在我国国家中的地位不容小觑。可以说乡村强则国家强,乡村富有则国家富有,乡村一旦落后,城乡差距会日益增大,综合国力也难以得到提升,由此将会引发一系列的矛盾。党和国家深刻认识到乡村振兴的重要性,一步步探索乡村发展的完美途径,不断丰富乡村发展的内涵和外延,充分发挥社会主义的优势,始终坚持党的核心领导地位,在党和政府的号召下,调动一切国民力量致力于乡村的全面、深化、美好的发展。颁布了一个又一个惠农政策,不断加大对乡村的扶持力度,促进城乡各项资源实现流畅的双向流动,加速城乡经济、文化、科技、社会、生态等方面融合发展的进程,也相当重视"三农"问题的解决,关心百姓们最为担心的民生问题,将各项优惠、福利、补贴实实在在地下放到乡村,落实到一家一户,具体到个人。百姓无不拍手叫好,深深感谢党和政府的扶农兴农的政策与举措,以身为一个中国公民而骄傲、自豪、幸福。

　　农村进行法治化建设也是非常有必要的,农村基层治理的法治化是中国法治建设的基础工程,是基层依法治国方略的具体实践。基层作为国家和社会的重要组成部分,其法治化程度直接影响着我国法治建设的进步,制约着国家治理体系现代化的实现程度。自改革开放以来,基层法治建设取得了比较显著的成绩,但与全面推进法治建设这一目标还有很大差距,基层治理仍存在诸多困难和问题。

　　我国地域广阔,村落基数大且情况千差万别,农村具体事务十分繁杂,对于农村生活中遇到的实际问题在相关法律法规上还存在一些空白,或者不同级别部门出台的规章制度存在冲突,因而引发了一些矛盾纠纷。农村基层治理法治化强调的是在治理的过程中注重法治的作用,使农村治理的多元主体在参与各项公共事务管理时能够有序开展、依法进行、遵法治理。近年来，随着城市化进程的加快，农村社会出现了很多新情况、新变化，这些都对农村基层治理提出了新的挑战和要求。

本书从乡村振兴战略的提出和定位介绍入手，针对乡村振兴背景下的农村法治治理思维、农村纠纷与和解、农村纠纷的诉讼与调解、农村多元纠纷解决机制进行了分析研究；另外对乡村振兴背景下的农村法治建设、农村法治化基层治理推进策略、农村法治化治理路径提出了一些建议，旨在摸索出一条适合乡村振兴背景下农村法治化建设工作的科学路径，在工作中运用科学方法，提高效率。

在撰写本书的过程中，作者参阅了大量的文献资料，引用、借鉴了一些同仁前辈的相关研究成果，因篇幅有限，不能完全列举，在此一并表示最诚挚的感谢。由于作者水平有限，书中难免会出现不足之处，希望各位读者和专家能够提出宝贵意见，以待进一步修改，使之更加完善。

目 录

第一章

乡村振兴战略的综述

第一节　乡村振兴战略的提出背景

一、实施乡村振兴战略的需要

（一）实施乡村振兴战略是改变农村落后面貌的需要

从人类文明进程来看，工业化、城市化进程在一定时期内、一定程度上必然导致农村衰落。

工业化、城市化进程需要吸纳大量的农村劳动人口，这必然导致农村人口的大量流出和农村人口结构的急剧改变。20 世纪 90 年代开始，我国工业化、城市化进程加快，中国农村经历了一场激烈的变化，约 3 亿农村青壮年劳动人口流入城市。一方面，这些农村劳动力为我国改革开放以来国家经济社会高速发展作出了不可磨灭的贡献；另一方面，青壮年劳动人口流出，也让农村自生发展的能力进一步弱化。

青壮年劳动人口流出导致我国较大部分农村迅速走向衰落。一是自然村减少。二是土地撂荒。由于生产人口急剧减少和居住人口劳动能力减弱，再加上农业生产效率与城市务工收入效率的差距较大，农村大量土地闲置，有的地方田间地头杂草丛生，一片荒芜。三是房屋闲置。大量农村人口举家迁居城市，有的更改了户籍，成为真正的城市居民；大部分虽未更改户籍，但在城市拥有住房和谋生技能，成为实际上的城市居民。一些农村房屋只在逢年过节时才有人居住，有的房屋甚至许多年都无人居住和管理。个别地方破败的房屋甚至成为基层干部忧心影响安全的重要因素。

与人口流出、农村衰落的外在现象相比，对农村未来发展最不利的影响因素是对农村的情感流失。在几千年农耕社会孕育的传统文化里，农村是故乡，是"生我养我"的地方，"乡愁"是流淌在血脉里的被反复歌咏和赞美的最基本情感。早期从农村流出迁居城市的农村人，由于当时城市与农村的反差相对较小，即使久居城市导致故乡情结有所减弱，但农村始终是他们梦生长的地方。"小桥流水""自然纯朴"的农村仍然是这几代人念念不忘的儿时记忆，是他们梦中的"根"和情感寄托。但在作为"留守儿童"成长起来的一代农村青年心中，农村是他们拼命想逃离的地方和竭力想要剔除的挫伤情感的身份痕迹。

（二）实施乡村振兴战略是实现城乡均衡协调发展的需要

在具有五千年文明史的中华文明的民族意识里，农业历来是国家稳定、发展的基石。早在汉代晁错《论贵粟疏》和贾谊《论积贮疏》中就对农业与实现国家治理的关系有过深刻论述；甚至在更早的春秋战国时代，管仲就提出了"仓廪实而知礼节"，认识到实现温饱对社会文明的促进作用。中华人民共和国成立以来，我党历来强调农业、农村、农民"三农"问题始终是全党工作的重中之重。

改革开放以来，我国的经济社会建设取得了巨大成就，国家的综合实力稳步增强，已经成为世界第二大经济体。与此同时，"三农"问题也得到了巨大改善，取得了举世瞩目的成绩。在从业人口逐年减少的情况下，粮食产量不减反增，稳步提升，保障了国家的粮食供给安全；农民收入逐年增长，幸、福生活指数年年提升，贫困人口急剧减少；农村基础设施建设投入逐年增加，整体面貌大为改观。城乡发展不平衡、不协调有历史因素，更是工业化、城市化进程中阶段性的必然结果。

城乡差距的进一步扩大，是影响社会稳定的重要因素。让农民共享国家经济社会发展福祉，更是践行党的执政理念的根本要求。

（三）实施乡村振兴战略是为社会经济发展增添新动能现实需求的需要

消费日益成为拉动国民经济增长的最大动力。经济学上通常把投资、消费、出口比喻为拉动 GDP 增长的"三驾马车",出口导向型经济和投资驱动型经济,为改革开放以来中国经济高速增长作出了巨大的贡献。但出口导向型经济存在国际市场有限和需求变化等风险;投资驱动型经济也存在因生产和消费不平衡、产能过剩而导致经济危机的风险,在经济学家们看来,消费拉动型经济是最为健康的经济。中国作为全球人口最多的国家,也是消费空间最大、最具潜力的国家,发挥消费对经济的拉动作用,是中国经济转型必须达到的目的。扩大中等收入群体规模、提高中等收入群体比重、增强中等收入群体消费能力是提升整个国家消费能力的重要途径。

农村改革曾成为推动中国经济高速增长的重要引擎。中国的改革开放之所以能够成功,除开"选择了适合国情的独特发展道路""推进融入全球的开放""致力于促进经济发展"等关键因素之外,还有一个很重要的因素就是改革从农村开始。发端于农村的经济体制改革,为国民经济持续快速发展奠定了基础,对建设中国特色社会主义事业起到了开拓性作用。农村经济体制改革不仅为城市经济体制改革探索出可资借鉴的基本经验,更为重要的是,农村经济发展使农民摆脱了贫困,走向富裕,为城市经济体制改革准备好了巨大的具有购买力的市场。富裕起来的农民对工业品的巨大需求成为推动我国工业化进程强大引擎,为推动中国经济调整增长作出重要贡献。

实施乡村振兴战略有助于实现中华民族伟大复兴。党的十九大把乡村振兴战略与科教兴国战略、人才强国战略、创新驱动发展战略、区域协调发展战略、可持续发展战略、军民融合发展战略并列为党和国家未来发展的"七大战略"。实施乡村振兴战略,有助于解决城乡发展不协调问题,也有助于推动国家整体均衡发展,还将为我国社会经济发展增添新动能。

二、乡村振兴概念的提出

党的十九大报告中首次提出了乡村振兴战略,并在报告中强调其重要性。报告指出,农业、农村、农民"三农"问题是关系国计民生的根本性问题,必须始终把解决好"三农"问题作为全党工作的重中之重。按照产业兴旺、生态宜居、乡风文明、治理有效、生活富裕的总要求,建立健全城乡融合发展体制机制和政策体系,加快推进农业农村现代化。在具体策略方面,报告强调,保持土地承包关系稳定并长久不变,第二轮土地承包到期后再延长 30

年。构建现代农业产业体系、生产体系、经营体系，完善农业支持保护制度，发展多种形式适度规模经营，培育新型农业经营主体，健全农业社会化服务体系，实现小农户和现代农业发展有机衔接。促进农村第一、二、三产业融合发展，支持和鼓励农民就业创业，拓宽增收渠道。加强农村基层基础工作，健全自治、法治、德治相结合的乡村治理体系。培养造就一支懂农业、爱农村、爱农民的"三农"工作队伍。

乡村振兴战略是对我国过去的农业农村发展战略的继承和发展，是基于我国当前社会发展实际和"三农"发展需要的先进战略，它响应了我国亿万农民的殷切期盼。必须抓住机遇、迎接挑战、发挥优势、顺势而为，努力开创农业农村发展新局面，推动农业全面升级、农村全面进步、农民全面发展，谱写新时代乡村全面振兴新篇章。

第二节　乡村振兴战略的战略定位和总体要求

一、乡村振兴战略的战略定位

（一）乡村振兴战略的基本原则

原则是对行为的有效约束，是保证行为不脱离既定轨道的重要指引，因此，贯彻落实乡村振兴战略必须遵循以下几项基本原则。

第一，实施乡村振兴战略，必须坚持因地制宜、循序渐进。科学把握乡村的差异性和发展趋势分化特征，做好顶层设计，注重规划先行、因势利导，分类施策、突出重点，体现特色、丰富多彩。既尽力而为，又量力而行，不搞层层加码，不搞一刀切，不搞形式主义和形象工程，久久为功，扎实推进。

第二，实施乡村振兴战略，必须坚持城乡融合发展。坚决破除体制机制弊端，使市场在资源配置中起决定性作用，更好发挥政府作用，推动城乡要素自由流动、平等交换，推动新型工业化、信息化、城镇化、农业现代化同步发展，加快形成工农互促、城乡互补、全面融合、共同繁荣的新型工农城乡关系。

第三，实施乡村振兴战略，必须坚持党管农村工作。毫不动摇地坚持和加强党对农村工作的领导，健全党管农村工作方面的领导体制机制和党内法规。确保党在农村工作中始终总揽全局、协调各方，为乡村振兴提供坚强有力的政治保障。

第四，实施乡村振兴战略，必须坚持乡村全面振兴。准确把握乡村振兴的科学内涵，挖掘乡村多重功能和价值，统筹谋划农村经济建设、政治建设、文化建设、社会建设、生态文明建设和党的建设，注重协同性、关联性，整体部署，协调推进。

第五，实施乡村振兴战略，必须坚持农业农村优先发展。把实现乡村振兴作为全党的共同意志、共同行动，做到认识统一、步调一致，在干部配备上优先考虑，在要素配置上优先满足，在资金投入上优先保障，在公共服务上优先安排，加快补齐农业农村短板。

第六，实施乡村振兴战略，必须坚持改革创新、激发活力。不断深化农村改革，扩大农业对外开放，激活主体、激活要素、激活市场，调动各方力量投身乡村振兴。以科技创新引领和支撑乡村振兴，以人才汇聚推动和保障乡村振兴，增强农业农村自我发展动力。

第七，实施乡村振兴战略，必须坚持农民主体地位。充分尊重农民意愿，切实发挥农民在乡村振兴中的主体作用，调动亿万农民的积极性、主动性、创造性。把维护农民群众的根本利益、促进农民共同富裕作为出发点和落脚点，促进农民持续增收，不断提升农民的获得感、幸福感、安全感。

第八，实施乡村振兴战略，必须坚持人与自然和谐共生。牢固树立和践行"绿水青山就是金山银山"的理念，落实节约优先、保护优先、自然恢复为主的方针，统筹山水林田湖草系统治理，严守生态保护红线，以绿色发展引领乡村振兴。

（二）贯彻乡村振兴战略的目标

国家粮食安全保障水平进一步提高，现代农业体系初步构建，农业绿色发展全面推进；农村第一、二、三产业融合发展格局初步形成，乡村产业加快发展。农民收入水平进一步提高，脱贫攻坚成果得到进一步巩固；农村基础设施条件持续改善，城乡统一的社会保障制度体系基本建立；农村人居环境显著改善，生态宜居的美丽乡村建设扎实推进；城乡融合发展体制机制初步建立，农村基本公共服务水平进一步提升；乡村优秀传统文化得以传承和发展，农民精神文化生活需求基本得到满足；以党组织为核心的农村基层组织建设明显加强，乡村治理能力进一步提升，现代乡村治理体系初步构建。探索形成一批各具特色的乡村振兴模式和经验，乡村振兴取得阶段性成果。

二、乡村振兴战略的总体要求

（一）坚持中国共产党领导"三农"工作，贯彻落实优先发展农业农村的战略

农业是一个国家生存和发展的基础，是实现农业农村发展，实现农民共同富裕的重要产业；是为居民提供食物、为工业提供原料的基础产业；是关系国家经济安全和社会稳定的战略产业。农业是保证和支持国民经济正常运行的基础，可以为工业和服务业发展提供资金、原材料、劳动力资源和广阔的市场空间。

农业是国民经济的基础部门，农村是农业发展的基础，因此，只有保障农村稳定，才能保障国家稳定。如果忽视农业农村，就会造成工农业比例失调、城乡二元分割差距扩大，给经济和社会发展带来重大损失，给人民生活造成严重影响。

从我国发展实际来看，虽然整体上经济社会发展取得了巨大进步，但存在城市与农村、东部与西部发展差距较大的问题，因此，想要实现全面建设社会主义现代化的目标，重点在"三农"，最突出的短板也在"三农"。农业农村农民问题是关系国计民生的根本性问题，必须始终把解决好"三农"问题作为全党工作的重中之重。把农业农村优先发展落到实处，做到干部配备上优先考虑，要素保障上优先满足，资金投入上优先保障，公共服务上优先安排。充分发挥新型工业化、城镇化、信息化对乡村振兴的辐射带动作用，加快农业农村现代化。深入推进以人为核心的新型城镇化，促进农村劳动力的转移和转移人口的市民化。积极引导和支持资源要素向"三农"流动，在

继续加大财政投入的同时，鼓励更多的企业进农村，推动更多的金融资源向农业农村倾斜，支持更多人才到农村广阔天地创业创新。进一步统筹城乡基础设施和公共服务，加大对农村道路、水利、电力、通信等设施的建设力度，加快发展农村社会事业，推进城乡基本公共服务均等化。

我国始终坚持党对一切工作的领导，我们应该进一步加强和改善这种领导，提高新时代全面推进乡村振兴的能力和水平。完善党委统一领导、政府负责、党委农村工作部门统筹协调的领导体制，实行中央统筹、省负总责、市县抓落实、乡村组织实施的工作机制。坚持党政"一把手"是第一责任人，五级书记抓乡村振兴，其中，县委书记尤其要当好乡村振兴的"一线总指挥"。各有关部门要结合自身职能定位，确定工作重点，细化政策举措，分解落实责任，切实改进作风，不断提升服务"三农"的本领。

（二）以"五位一体"为指引，协调推进乡村全面振兴

党的十九大上提出了实施乡村振兴战略这一重要决策部署，这是我国现阶段和未来较长一段时间内的建设重点。如期实现第一个百年奋斗目标并向第二个百年奋斗目标迈进，最艰巨、最繁重的任务在农村，最广泛、最深厚的基础在农村，最大的潜力和后劲也在农村。要从国情农情出发，顺应亿万农民对美好生活的向往，坚持把农村的经济建设、政治建设、文化建设、社会建设、生态文明建设作为一个有机整体，统筹协调推进，促进农业全面升级、农村全面进步、农民全面发展。坚持以产业兴旺为重点、生态宜居为关键、乡风文明为保障、治理有效为基础、生活富裕为根本，书写好实施乡村振兴这篇大文章。

1. 加强农村组织建设

加强以党组织为核心的村级组织建设，打造坚强的农村基层党组织，培养优秀的农村党组织书记，深化村民自治、法治、德治，发展农民合作经济组织，增强村级集体经济实力，为实施乡村振兴战略提供保障。

2. 加强农村人才培养

加快培育新型农业经营主体，激励各类人才到农村广阔天地施展才华、大显身手，让愿意留在乡村搞建设的人留得安心，让愿意到农村创业创新的人更有信心，打造强大的人才队伍，强化乡村振兴人才支撑。

3. 推进农村产业发展

紧紧围绕建设现代农业和农村第一、二、三产业融合发展，深化农业供给侧结构性改革，坚持质量兴农、绿色发展，确保国家粮食安全，调整优化农业结构，构建乡村产业体系，提高农业的创新力和竞争力，实现乡村产业兴旺、生活富裕。

4. 完善农村生态建设

加强农村生态文明建设和环境保护，综合治理农村突出的环境问题，完善农业生活设施，倡导绿色生产和生活方式，以优良生态支撑乡村振兴，让农村成为安居乐业的美丽家园。

5. 推进农村文化发展

以社会主义核心价值观为引领，加强农村思想道德建设和公共文化建设，深入挖掘优秀农耕文化内涵，培育乡土文化人才，推动形成文明乡风、良好家风、淳朴民风，更好地展示农民的良好精神风貌，提高乡村社会文明程度，焕发乡村文明新气象。

（三）调动农民积极性，培育农民的创新精神和创造能力

我国自古是农业大国，我国农民具备勤劳、聪慧的特点，农民的智慧点亮了中国的历史发展长河。中华人民共和国成立以来，我国农民在实践中探索了"大包干"、发展乡镇企业、建农民新城、农家乐旅游等成功做法，经党和政府总结、提升、扶持、推广，转化为促进生产力发展和农民增收致富的巨大能量。尊重农民首创精神，鼓励农民大胆探索，是党的群众路线的生动体现，也是实践证明行之有效、理当继续坚持的原则要求。在推进乡村振兴的过程中，必须认清农民主体地位，尊重农民创造，鼓励基层创新，充分调动各个方面特别是广大农民的积极性、创造性，汇聚支农助农兴农的力量。

1. 保障并维护农民的合法物质利益和民主权利

在经济上切实维护农民的物质利益，在政治上充分保障农民的民主权利，是保护和调动农民积极性的两个方面。要坚持"多予、少取、放活"的方针，加快发展现代农业和农村经济，大力提升农村基础设施和公共服务水平，推进农村基层民主建设和村务公开，不断增强乡村治理能力，从而让农民真正得到实惠，激发其作为主体投身乡村振兴的积极性和创造性。

2. 制定并实施长期稳定农村基本政策

稳定农村政策，就能稳定农民人心。坚持以家庭承包经营为基础、统分结合的双层经营制度，长期稳定土地承包关系，实行土地所有权、承包权、经营权"三权"分置，促进土地合理流转，发展适度规模经营。坚持劳动所得为主和按生产要素分配相结合，鼓励农民通过诚实劳动、合法经营和加大资本、技术投入等方式富起来，倡导先富帮助和带动后富，实现共同富裕。在保护粮食生产能力的同时，积极发展多种经营，推动农业农村经济结构调整等。这些基本政策符合农民的利益和愿望，有利于调动亿万农民的积极性，保护和发展农村生产力。

3. 充分尊重农民的生产经营自主权

市场经济与计划经济存在本质区别，在市场经济条件下，农户作为独立的经营主体和自负盈亏的风险承担者，其生产经营的自主权理当受到尊重。支持农民根据市场需要和个人意愿，选择生产项目和经营方式，实现生产要素跨区域的合理流动；政府侧重于规划引导、政策指导和提供信息、科技、营销等服务，创造良好的生产条件和公平有序的市场环境。

4. 鼓励农民在实践中积极创造创新

乡镇企业也是基层农业单位和农民自己创造的。普通农民变为农业生产者、农民打工者、进城经商者、经营管理者、民营企业家，魔术般的角色转换中蕴含着农民的智慧和创造。尊重农民、支持探索、鼓励创造，就能找到解决"三农"问题的有效办法，就会更好地加强和改进党对"三农"工作的领导。

第三节　乡村振兴战略的意义及重点

一、实施乡村振兴战略的重大意义

（一）有利于实现社会主义现代化建设战略目标

社会主义现代化建设是我国现阶段的重要任务，这一建设目标的实现需要各方努力,其中就包括乡村振兴战略的贯彻实施。

农业农村现代化是国民经济的基础支撑,是国家现代化的重要体现。中国要强,农业必须强;中国要美,农村必须美;中国要富,农民必须富。任何一个国家尤其是大国要实现现代化,唯有城乡区域统筹协调,才能为整个国家的持续发展夯实基础、提供支撑。农业落后、农村萧条、农民贫困,是不可能建成现代化国家的。

中国共产党始终把解决人民的吃饭问题当作头等大事,着力保障主要农产品的生产和供给;始终坚持农业是工业和服务业的重要基础,保护和发展农业,以兴农业来兴百业;始终坚持农村社会稳定是整个国家稳定的基础,积极调整农村的生产关系和经济结构,促进农村社会事业发展,以稳农村来稳天下;始终坚持没有农民的小康就没有全国的小康,千方百计增加农民收入,改善农村生产生活条件,增进农民福祉。

从我国经济社会发展实际来看,农业农村发展自改革开放以来获取了巨大进步,现代化水平也在很大程度上有所提高。但要清醒地看到,我国仍处于社会主义初级阶段,农业农村是国家全面小康和现代化建设中尤其需要补齐的短板;农业受资源和市场双重约束的现象日趋明显,市场竞争力亟待提升;城乡发展差距依然很大,农民收入稳定增长尤其是农村现代文明水平提高的任务十分艰巨。我们必须切实把农业农村优先发展落到实处,深入实施乡村振兴战略,积极推进农业供给侧结构性改革,培育壮大农村发展新动能,加强农业基础设施建设和公共服务,让美丽乡村成为现代化强国的标志,不断促进农业发展、农民富裕、农村繁荣,保障国家现代化建设进程更协调、更顺利、更富有成效。

(二) 有利于解决我国社会存在的主要矛盾

改革开放推动了我国经济、政治、社会、文化等各个方面的发展,人们的生活质量显著提高,当前我国社会主要矛盾已经转化为人民日益增长的美好生活需要和不平衡不充分的发展之间的矛盾。当前,城乡发展不平衡是我国最大的发展不平衡,农村发展不充分是最大的发展不充分。加快农业农村发展,缩小城乡差别和区域差距,是乡村振兴的应有之义,也是解决社会主要矛盾的重中之重。

（三）有利于广大农民对美好生活的期待

我们党始终重视农业农村的建设与发展，时代发展对"三农"工作提出了新要求，党中央着眼党和事业全局，把握城乡关系变化特征和现代化建设规律，对"三农"工作作出了进一步指示，充分体现了以人民为中心的发展思路，科学回答了农村发展为了谁、发展依靠谁、发展成果由谁享有的根本问题。

中国共产党一直以来把依靠农民、为亿万农民谋幸福作为重要使命。这些年来，农业供给侧结构性改革有了新进展，新农村建设取得新成效，深化农村改革实现新突破，城乡发展一体化迈出新步伐，农村社会焕发新气象，广大农民得到了实实在在的实惠，实施乡村振兴战略、推进农业农村现代化建设的干劲和热情空前高涨。

（四）有利于中国智慧服务于全球发展

不断思考、不断创新是我们党的光荣传统，我们党在革命、建设和改革发展进程中，以中国具体实际和现实需要为基础，积极开展实践探索，在国家富强和人民幸福上取得了巨大成就，同时，还为全球进步、发展提供了有益的借鉴。中国围绕构建人类命运共同体、维护世界贸易公平规则、推进全球经济复苏和一体化发展等许多方面，提出了自己的主张并付诸行动，得到了国际社会的普遍赞赏。同样，多年来，在有效应对和解决农业农村农民问题上，中国创造的乡镇企业、小城镇发展、城乡统筹、精准扶贫等方面的成功范例，成为全球的样板。在现代化进程中，乡村必然会经历艰难的蜕变和重生，有效解决乡村衰落和城市贫民窟现象是世界上许多国家尤其是发展中国家面临的难题。党的十九大提出实施乡村振兴战略，既对中国更好地解决"三农"问题发出号召，又是对国际社会的昭示和引领。推进乡村振兴，实现产业兴旺、生态宜居、乡风文明、治理有效、生活富裕，实现新型工业化、城镇化、信息化与农业农村现代化同步发展，不仅是惠及中国人民尤其是惠及亿万农民的伟大创举，而且必定能为全球解决乡村问题贡献中国智慧和中国方案。

二、实施乡村振兴战略的整体思路

(一) 把握乡村振兴战略实施的关键环节

1. 进一步推进城乡公共服务均等化

当前，我国农村发展与城市发展的差距较大，农村基础设施落后是造成这一局面的重要原因之一，这严重制约了农村的产业发展与进步。因此，要尽快建立国家基本公共服务清单，列出哪些服务应该由政府供给、哪些应该由市场供给，分清政府和市场的职责，促进城乡基本公共服务项目和标准的有机衔接。公共服务均衡化，财政实力很重要，但关键在于政府的施政理念。实现城乡基本服务均等化，既需要中央的大政方针，更需要一批有能力、对"三农"有感情的基层干部队伍。

2. 加强人才培养，解决资金短缺问题

乡村振兴战略可以大致上划分为两大部分，即乡村治理和产业发展，而人才和资金则是支持这些工作顺利开展的基础条件，同时，我国农业农村发展受到制约的主要因素就是人才稀缺和资金短缺。因此，推进乡村振兴战略，必须抓好人才和资金这两个核心，我们应该积极借鉴其他国家的实践经验，结合我国农业农村发展实际情况，建立健全职业农民制度，加强农业农村人才培养，加强农村专业人才队伍建设，为了鼓励人才参与乡村建设，应该建立科学合理的激励机制。同时，还应该以乡情乡愁为纽带，吸引各个领域的人才积极投身乡村建设和改革事业，充分挖掘人才力量，确保乡村振兴人才稀缺问题得以改善。此外，解决资金紧缺也是一个重要课题，我国财政部门应该进一步加强对乡村建设的财政投入，并且确保专款专用，确保财政投入切实作用于乡村振兴事业，尤其是作用于那些关键领域。加强金融制度的改革和完善，尽可能引导有效金融资源进入农村发挥作用，从而满足农业农村发展提出的多样化需要。除此以外，还应该加强社区性农村资金的建设和发展，充分发挥民间金融组织对乡村振兴的促进作用。

3. 制定并贯彻农村金融支持政策

资金短缺是限制农村发展的一个重要因素，因此有必要制定农村金融支持政策，以此为农村产业发展提供有效资金支持。因为产业兴旺的外在表现

形式就是各类经营主体大发展，这决定了强有力的金融政策支持的必要性。首先，正规金融机构要加大对农业产业化、农村中小企业的支持力度，有针对性地支持一批竞争能力强、带动农户面广、经济效益好的龙头企业和较大型农民专业合作社，稳步增加贷款投放规模，不断创新金融产品和服务，强化对"三农"和县域小微企业的服务能力。其次，支持符合条件的农民专业合作社从事信用合作。坚持社员制、封闭性原则，不对外吸储放贷、不支付固定回报，推动社区性农村资金互助组织发展。在相关法律法规不健全的情况下，要不断完善地方农村金融管理体制，加强对农村合作金融的监管，有效防范金融风险。最后，加大对农业保险产品的供给。农业农村产业风险大、利润薄，必须有一个完善的保险体系承担托底功能。政策性保险机构、商业保险机构要改革当前的保险制度，提供更多的保险产品，满足农业农村产业发展的需要。

（二）充分发挥村"两委"在乡村振兴中的作用

村"两委"是指村中国共产党支部委员会和村民自治委员会。乡村振兴需要落实于乡村，这就决定了村"两委"发挥作用必然是战略实施的一个关键环节。

1. 推进农村集体产权制度改革

目前，开展集体产权制度改革试点的县（市、区）已经超过 1000 个，超过全国县级单位总数的三分之一。从试点村的改革实践情况可以看出，集体产权制度改革在很大程度上推动了村集体经济收入增长和经济发展。村"两委"的同志要按照中央的要求，积极推进集体产权制度改革，并在改革中找到进一步发展农村集体经济的途径。尤其是对于那些集体经济家底比较薄弱的村，要充分挖掘现有资源、资金、资产的潜力，该入股的入股，该变现的变现，该出租的出租，通过各种途径增加集体收入，提升村"两委"为人民服务的能力。

2. 强化乡村文明建设，开展科学有效的乡村治理

改革开放带来了经济发展，但计划经济体制向市场经济体制的转变对农村发展造成了一定冲击。在新的历史时期，要重新找回传统文化中精华的东西，在现代村民自治加法治的框架内植入中国传统文化的德治的内容，实现

"自治、法治、德治"有机结合，用中国传统文化中"德"这一要素来沁润、感化、引导村民，使其自觉遵纪守法，不断提高村民自治水平。

3. 加强农民专业合作社的培育和发展

党的十九大报告中指出，我国应该"培育新型农业经营主体，健全农业社会化服务体系，实现小农户和现代农业发展有机衔接"。其中，农民专业合作社是最重要的经营主体，并且在整个农业经营体系中居于中坚环节。实践证明，无论是新办还是加入合作社，村"两委"的带头示范都会起到意想不到的作用。对于已有合作社的村，可以尝试用集体资产（如房屋、设备等）和资源（如仍由集体统一经营的水面、池塘、果园、荒山荒坡等）入股，一方面有利于合作社的经营活动，另一方面也可以为农村集体获取一部分收益。此外，村"两委"还要指导合作社的规范发展，定期召开成员大会或成员代表大会，在决策中贯彻以基本表决权为主、附加表决权为辅的原则，在盈余分配中贯彻以按交易量（额）分配为主的原则。实践证明，只有规范的合作社才能调动广大成员的积极性，确保可持续发展。

三、乡村振兴的实施要点

（一）明确村民的主体性，保证战略实施的根本目的是实现人民的幸福

村民是乡村生活的主体，这里的村民是指原有村民、产业新村民和消费新村民（具有阶段性或短时性），我国大力推进乡村振兴战略的实施，根本目的在于实现乡村主体的幸福生活愿望。因此，乡村振兴的发起、研究、实施，都要突出主体的参与性、能动性。

发起乡村振兴需要有的内生动因提供支撑，这可以是自发的也可以是外部激发的，只有村民自身有发展的意愿、有对更加幸福生活的追求，乡村振兴才能有真正的土壤。内生动因的形成，一方面靠村民自身的需求，另一方面也靠有意识、有组织的引导和激发。乡村强则中国强，乡村美则中国美。

在制定乡村振兴方案时，必须尊重村民的主体性，要使全体村民参与方案制定的全过程，也就是说从调研、初步方案、方案论证到模拟实验等环节，实现全体村民的全程参与。不同阶段，参与人群不同，参与方式也不同，总

体要做到公开、透明、动态化。尊重主体的发展意愿，尽量满足主体的发展诉求。

　　乡村振兴的实施，更需要村民的全力参与。乡村振兴，就是村民振兴，村民要从意识、理念、土地、房屋、精力、财力等各方面参与到集体的振兴行动中，形成统筹共建、和谐共享的格局。

　　乡村生活主体是乡村振兴的主要服务对象，是战略实施的核心，但除此以外，战略实施过程中，还应该正确处理政府、第三方服务机构、外来投资运营主体的关系。在全面乡村振兴的开始阶段，政府是乡村振兴的主导力量，承担着整体谋划、顶层设计、政策支持、改革创新、分类组织、个体指导、实施评估等任务。第三方服务机构，一般是政府或者村集体聘请进行乡村振兴规划设计、公共建设、产业运营的机构，承担着专业化咨询建设运营工作，是乡村振兴中的外部智囊、专业助手，也是保障乡村振兴科学、可持续进行的重要力量。同时，在乡村进行传统文化传承创新、现代产业发展构建的过程中，外来专业的投资运营力量也是振兴发展的机遇和重要推力。根据乡村的产业构建方向，进行针对性的招商引资，由投资方通过规模性投资加快产业力量形成、提升产业规范化、增加产能，由运营方通过专业化的运营管理，进一步推动乡村产业专业化、杠杆化发展。

　　制定并实施贯彻乡村振兴战略，根本目的在于满足村民对美好生活的愿望，根本在于乡村生活主体自身的幸福。对于大部分村庄来说，尤其要关注儿童、老人、妇女等特殊人群的需求。因此，在乡村振兴的顶层设计、方案制定、系统实施过程中，教育、养老、医疗、乡村文化活动都是必须重点考虑的内容。乡村振兴，要让儿童在乡村里能够得到良好的教育，有适宜的游戏、活动空间，儿童的成长状况有人关心，有科学体验和儿童保健。乡村振兴，要让老人在乡村有适宜的休闲、群体活动场所，老人的健康检查和病理看护有良好的安顿，高龄老人有所陪伴、有人照料。让老人与儿童之间有安全地得到保障的传承空间、温情的家庭生活。乡村振兴，要让妇女在乡村得到足够的尊重，有同等的教育权、决策权、劳动权和获得报酬的权利，让妇女在乡村拥有追求幸福生活的自由空间。

　　在乡村生活主体中有一部分为特殊群体，乡村振兴还应该满足这一群体对幸福生活的追求，要为他们提供足够的权益保障和自由幸福生活的空间。

同时，需要乡村产业得到足够的发展，通过可持续的、富有竞争力的产业构建，打造发展平台，提供就业岗位，创造创业空间，让年轻人在乡村能够安放青春，谋得生活，温暖他们的家庭，承担他们该承担的抚养、陪伴、精神支柱的责任。同时，乡村的文化建设、传统的家庭伦理、村落治理追求、文明的群众生活秩序，也是人们获得幸福感的重要保障。

乡村振兴应该吸引村民主动回到家乡建设，引导那些外出务工人员返乡就业、创业，引导外出求学的学子完成学业后回乡建设，反哺给他们的乡村，需要政府创新乡村产业机制、政策支持、各类保证，需要村民合力创造良好的产业环境。

同时，乡村振兴的过程中也要重视、欢迎由于投资创业、消费生活等来到乡村的"新村民"。关心他们的诉求、需求，创造他们便于创业、安于生活的条件和环境，吸引他们来，把他们留住，形成乡村发展的活力群体。

（二）实行生态式发展模式，促使乡村实现有机生长

推动乡村振兴的一个关键点在于转变发展理念，应该贯彻落实有机生长的村落发展理念。通过对国内保存较为完整的古村落和城镇进行分析，会发现其选址建设过程中都关注所处的生态环境系统，对山水林田湖草生态系统具备天生敬畏。回到当下，随着人类生存并改造自然生态系统能力的增强，在村落的生存发展过程中出现了自然生态系统的缺位发展。

1. 推动生态环境与产业发展的和谐统一

产业兴旺是乡村振兴的基础，生态宜居是乡村振兴的关键，产业与生态的有机融合，是乡风文明、治理有效、生活富裕的重要支撑。推进产业生态化和生态产业化，是深化农业供给侧结构性改革、实现高质量发展、加强生态文明建设的必然选择。

2. 构建"三生融合"的村落发展空间

"三生融合"是指乡村生产、生活、生态的有机融合，实施乡村振兴战略，应该以"三生融合"为原则进行空间规划，重新定义村庄发展格局，实现城乡空间的有效融合。村庄生活空间要考虑村落原有居民和外来客群的舒适度，系统规划布局让人们充分体验乡土文化的生活空间；要充分考虑村庄居民产业构建、展示和体验空间，构建区域内完整的产业发展空间；要完善

生态空间，综合考虑村庄生态系统及容量，设计村庄居住人口、产业发展和游客接待等上限。

3. 构建生态持续的生活系统

传统的生活系统能让人们体验与自然系统的全方位联结关系，让人们享受每天与土壤、水、风、植物、动物的互动，同时尊重自然的循环。建立契合区域生态系统的生活方式，包括构建村庄生活公约，从能源、材料、食物等多个方面实现生态可持续发展。

4. 乡村建设中贯彻落实生态建设原则

村庄在建设过程中的材料运用、技艺运用、景观环境打造上要全面落实生态建设理念。建筑材料选择上凸显与区域环境匹配的乡土性，乡土建材包含砖、石、瓦、木材、竹材等，给人以温暖、质朴、亲近之感；乡村景观植物选择凸显区域气候特色，考虑区域气候、土壤、光照、水文等因素的影响选择地域特色植被，提高生物多样性，降低养护成本；乡村技艺环境要突出工匠精神，挖掘村庄地域传统的建筑工艺、木匠、编织、彩绘和建造等传统技艺。

（三）推动乡村振兴相关制度改革，建立健全乡村振兴动力体系

1. 推进土地制度改革创新

土地制度改革直接影响农业农村发展，这是乡村振兴战略的一项重要内容。

2. 推进资金政策改革创新

资金短缺是限制我国农业农村发展的主要因素之一，"钱从哪里来的问题"是乡村振兴战略实施必须解决的一个关键问题，根据我国农业农村的实际发展情况，我国政府提出要加快形成财政优先保障、金融重点倾斜、社会积极参与的多元投入格局，确保投入力度不断增强，总量不断增加。

为了拓宽农业农村的资金获取渠道，政府部门应该制定相应的鼓励政策，建立健全乡村金融服务机制，只有这样，才能打破现有的乡村发展金融供给不足，尤其是农业农村经营主体获得信贷的难度较大、可能性较小的困境。同时，创建新型金融服务类型，鼓励投资金融主体多样化获取投资和可持续发展的资金，引导乡村筹建发展基金，合法合理放开搞活金融服务机制，打

破乡村发展信贷瓶颈。创新农村金融服务机制，推进"两权"抵押贷款，推广绿色金融、生态金融、共生金融理念，探索内置金融、普惠金融等新型农村金融发展模式，实现金融服务对乡村产业、乡村生活全覆盖，为乡村建设提供助力。

3. 推进人才政策改革创新

村民是乡村生活主体，是乡村振兴的核心，政府是乡村振兴的主导机构，除了村民和政府外，乡村振兴的参与主体还包括第三方机构、投资主体、乡村新居民以及乡村志愿者等。新居民包括来乡村就业、创业、休闲、度假、养老等群体。第三方机构、乡村新居民、乡村志愿者是乡村振兴的"新"力量，他们带着新理念、新资源、新动力来到乡村，是乡村发展的重要变量。

充足的人才储备是乡村振兴的重要前提和保障，因此必须重视人才培养。政府应出台一系列针对乡村振兴的人才政策：一是针对本土人才的政策，包括本土人才的选拔、培养、激励等，给出资金、体制、机制、税收、共建共享等方面的整套政策；二是针对外来人才的政策，应针对如何吸引、鼓励外来人才来乡村就业创业，如何留住外来人才，如何产生人才带动效应等出台系列政策。

要发挥各市场主体的作用，建立健全政府引导、市场配置、项目对接、长效运转、共建共享的人才振兴工作机制。鼓励地方大力实施本土外流人才还乡的"飞燕还巢计划"，以及以乡村振兴创新创业空间和项目集群为核心的外来人才"梧桐树计划"，既源源不断地滋生人才、召回人才，又能持续地吸引人才，形成多元共建、充满活力的乡村人才振兴局面。

（四）推动产业协调发展，构建村民共建共享机制

乡村振兴的一项重要内容就是实现农业农村各相关产业的协调发展，村集体经济的壮大则是实现乡村产业振兴的重要基础，也是最终实现乡村振兴的可持续保障。

壮大村集体经济是实现乡村振兴战略目标的必然选择，在此过程中需要注意以下几个方面的内容：一是打造一支具备绝对领导力的村两委领导集体；在村民自愿的基础上，成立村集体合作社或专项合作社；二是把村里零星分散或者闲置的土地、房屋、草场、林地、湖泊、废弃厂房等，进行整理，请

专业机构进行评估，实现资源变资产，并将该资产纳入村集体合作社，进行统一规划、经营、开发、利用；三是依托合作社，引入社会企业，成立股份公司，合作社代表村集体和村民以资源入股，社会企业以资金入股，共同构建实施乡村振兴发展的企业；四是拓展产业发展内容，依托乡村产业基础和文化生态资源，推进精品手工文创、农林土特产品、文化生态旅游、农副精深加工、田园养生度假、乡村健康养老等产业内容；五是坚持推动村民的共建共享，将村民纳入村集体社会经济发展的平台上，农民通过土地入股、技术入股、房屋入股和劳动力入股等方式获得相应的分红；六是建设村民创业发展公共平台，为村民自主创业提供资本、技术、设备、培训和场地等方面的支持。

（五）构建现代泛农产业体系，促进业态健康发展

传统农业产业结构已经不能适应农业现代化建设的要求，这就要求我们必须对原有产业结构进行适当的优化升级，这也是乡村振兴的一项重要内容。坚持以市场需求为导向，找准方向，按照第一、二、三产业融合发展的理念，提升农业农村经济发展的质量和效益。在产业类型上既要对传统农业进行提质增效，又要在市场需求的基础上，进行跨产业整合，实现农业与旅游的融合、农业与文化的融合、农业与养老的融合、农业与健康产业的融合等，延长产业链、拓宽增收链，构建现代泛农产业体系。

以乡村产业发展为中心，依托大数据，灵活运用互联网、物联网、区块链等先进科学技术，打造产业运营平台、资源整合平台、产品交易平台、品牌营销平台、人才流动合作平台、项目对接平台、乡村文创平台等，凝聚力量，促进乡村产业兴旺发达。要以特色突出、优势明显、竞争力强大为原则，构建乡村现代泛农产业体系，同时，要深挖产品价值，匠心培育市场需要，且具有很强增长性的新业态。以乡村旅游为例，就可以根据资源和条件，开发乡村共享田园、共享庭院、民宿、文创工坊、亲子庄园、享老庄园、电商基地、采摘园、乡野露营等业态，需要村集体、村民创业者、外来投资者多方共建。

（六）重视农村精神文明建设，以乡村IP为基础实现高质量发展

乡村的精神文明建设也是乡村振兴的重要组成部分，在战略实施过程中，

必须将继承保护和创新发展乡村文化作为一项重要任务。乡村文化拥有独立的价值体系和独特的社会意义、精神价值。在乡村振兴的推进过程中，首先要保护乡村的灵魂，要保护好乡村文化遗产，组织实施好乡村记忆工程，要重塑乡贤文化，要恢复传承传统民俗。

推动农业农村发展，必须有文化支撑，这就要求我们必须传承和发展乡村精神，并根据现代化要求提炼和创新这些精神文化，建设符合乡村振兴需要的时代文化堡垒。充分挖掘乡村传统文化的底蕴、精神和价值，并赋予时代内涵，发挥其在凝聚人心、教化育人中的作用，使之成为推动乡村振兴的精神支柱和道德引领。大力提升乡村公共文化服务水平，半富乡村公共文化生活，让本土村民、乡村新居民能够享受到丰富的文化生活，创建新的乡村文化体系。

通过建设乡村文化 IP 传承和发展乡村精神文化是一个可以获得良好效果的途径。让文化创意产业成为乡村富民的重要产业支撑，文化创意产业可与乡村第一、二、三产业融合发展，提升乡村产业附加值。对于乡村振兴来讲，打造爆品 IP 可以提高知名度，增强识别力，形成竞争力。在乡村振兴中要尽可能培育具备自身特色或导入具备市场影响力的 IP，以推动乡村产品的附加值、区别度、识别度、影响力和吸引力。

第二章

乡村振兴背景下的农村法治治理思维

乡村治理的完美实现，应以法治为基。而法治的发展和完善需要依靠官与民的齐心协力才能更好地实现。官大力推行，民作壁上观，实现不了法治；民大力寻求自由和民主，官置之不理，也实现不了法治。只有官恪守本职，民积极主动地参与到村民事务中来，才能促动法治之弦，带动乡村法律体系的优化和完备，才能将法治的威力遍及华夏，让我国的政治文明上升到更高级别层次，成为更好的现代化法治国家。

第一节　以法护航

现今，我国社会主义的发展依旧停留在初级阶段，未来也将长久地处于这一阶段，因此农村的发展仍旧非常关键。经过数十年的发展，农村基础设施和文化物质水平都有了显著的提高，但与城市的繁荣多彩相对比，农村的这点成绩就显得非常渺小。

乡村的治理现代化进程的推进必须以法治为基石，用法律的光辉来维护农民的合法权益，用法律的武器来处理农民发展上的有关问题，从根本上破除乡村治理的缺陷，在农村构造一套完备的乡村法治体系，用法的严明来保障乡村生活的稳定、平和，为乡村的高速发展保驾护航。

一、农村法治建设是维护农民合法权益的迫切需要

法律不仅能够维护社会稳定、和平，也能推动经济的快速稳步发展，还

能保障好公民的合法权益使其不受侵犯。若在乡村中法律落实不够到位，则势必会影响到农民的正常生活水平，抑制政治经济文化的发展速度与质量，阻碍乡村现代化的推动进程。

乡村治理的推进与强化离不开广大乡村人民的拥护，也更加离不开法治建设。法律的缺失或者不足，会造成村民们最基础的权益都无法保障好，这样的情况下，他们就无法确认乡村治理的可行性和有效性了。

乡村的治理过程中，绝对不能忽视维护合法权益环节，必须对农民的合法权益进行保护，大力推进农村法治的进程，构建一套强有力的农村法律体系，用法律之剑，镇住不法分子之躯，还百姓们以一片宁静，让乡间生活变得更加和谐、美好。

相信随着乡村治理的法治化推进，和越来越完备的法律体系的建立，在党和政府的不懈努力下，农民的合法权益一定能够得到很好的保障，农村的生活一定会变得更加美好。

二、农村法治建设是全面深化农村改革的重要保障

国家的全面发展离不开农村的脱贫致富，只有农村真正实现了富裕、繁荣，国家的综合实力才会拥有质的飞跃，我国才能更好地屹立于世界之中，推动全球的各族人民的和平与发展，展现大国的魅力和精神。

全面实现农村的深化改革，就必须利用好法律的武器，用法律作为支柱，扫清妨碍农村进步发展的障碍。在乡村治理中，应用法治来打头阵，给予不法分子以威慑，让出道路，给各行各业优秀的产业、文化、人才以发展，让乡村经济、文化协同发展，为百姓们创造一个更加美好的生活环境。

（一）顺应国家改革的新潮流

国家的改革与发展是一个无限上升的过程，没有最大值，永无止境，需要党、政府和人民的不懈努力与共同奋斗。

农村的改革发展是国家改革发展过程中非常重要的一个环节，不容小觑。而推进农村法治的建设是顺应时代发展潮流之举，是响应国家、政府和党的号召，可以给农村全面深化改革以保证。

（二）扫除农村发展的障碍

全面实现农村的深化改革，推动农村现代化发展的新进程就必须解放农村的生产力，丰富农村生产力的发展。而农村生产力发展的首要目标是铲平发展中的障碍，改变农村生产关系，优化农村的上层建筑。

乡村的实力薄弱对于改革的深化不但是阻力也是威胁，想要克服重重困难，打败农村的顽固保守的思想和邪恶非法势力的干扰，就必须依靠强有力的法律武器来肃清道路，给农民发展创造一片蓝天。用科学、合理、有效的法治，来支撑农村格局的改变；用不断完善、全面、系统的法律体系来捍卫村民们的合法权益。

无论世界潮流如何演变，我国国家领导人始终坚持让我国走在改革的道路上，他们一直以来都十分重视改革的力量，他们坚信只有不断全面深化改革，才能使我国永葆青春与活力，让我国的综合实力和竞争力更加厚实、强硬，改革是实现祖国繁荣、昌盛、富强的不二选择。

改革的顺利推进需要法律的支撑，法律体系越加完善，法律武器的威力将越加强大，保障改革之路又平又稳。只有在农村坚定不移地强化法治的力量，不断完善法律体制的系统化建设，才能奏响乡村治理的新乐章。

三、农村法治建设是推进全面依法治国的重要组成

法的重要性不言而喻，对于政局的统一、经济文化社会的稳定与发展、百姓的权益等上都有着无法替代的功效。

法律体系的兴衰攸关着国家的安危。完善、齐全、系统、科学、合理的法律体制是百姓们的福音，是人们美好、幸福、和谐生活的福祉，是社会经济文化稳步快速增长的不竭动力，是支撑国家长久安的根基。

而于我国这种农业大国的实际状况而言，农村法治建设的根基稳不稳，实施是不是强而有效，直接关系着我国依法治国这一战略计划推行进度的快与慢。

（一）以法治乡，为依法治国提供法治基础

依法治国是当代我国党和政府势必要努力达成的一个重要战略目标，它

牵动着全国各族人民的利益和福祉，是我国综合实力提升的最佳途径，也是其强大的保护伞。对于我国这样一个农业大国而言，完善农村的法治建设，就是依法治国实现的根基。

依法治国和乡村法治建设就像是海洋和河流的关系，只有河流充沛、营养，拥有良好的自净能力，才能往海洋里输入源源不断的活水，让海洋更具活力，更加宽阔。只有法治渗透到农村的方方面面，只有法律的权威规范着农村的点点滴滴，百姓们都守法、懂法，才能让农村的法治建设落到实处，给依法治国的实现提供良好的法治基础。

（二）以法治乡，补齐依法治国的短板

当前在党和国家的大力扶持下，乡村的法治实施情况有了不小的转变，依法新农、依法助农、依法惠农等法治之风盛行，也有了可喜的收获。

第二节　法治为基

乡村法治道路的建设并不平坦，是个漫长而曲折的过程，需要我们坚定信念，不断地付出努力和辛劳，在实践中慢慢攻坚克难，一步步成长，逐渐摆脱拦路石的束缚，让法治走上平缓的康庄大道，使我国的乡村治理实现质的飞跃，带领着广大乡村走上新的征程，让农民们呈现新时代的新面貌。

如何更好地响应党的号召，把乡村法治的推行落到实处，构成一套完整、系统的乡村治理体系，是当前依法治村的关键。

一、善用乡规民约，加强普法力量

我国农耕文明历史悠久，乡村土地广阔，形成了一个非常庞大的农村集体，我国农村人口和以农为生的人口众多，未来农业的发展空间巨大，前景也很好，这便让我国成为典型的农业大国。与此同时，也可以看出我国农村治理的重要性和难度，在随着社会的发展中逐步增大，乡村治理的实现还需花费大量的心血和时间。

思想是行动之源，所以实现乡村治理的首要目标是破除农村人思维上的

局限性，让法治的精神和魅力深深扎根于百姓的头脑和行为中。然后再逐步挖掘百姓们的潜能、培养好基层组织的法治素养，有机结合起乡规民约和国家定制法，拉近法治的主体和客体之间的距离，让法治的效用更加强大。

（一）激发农村人的主人翁意识

基层领导组织是乡村治理的客体，是起辅助、带领作用的，他们最大的成就就是力求激发每一个农村人的主人翁意识。让农村人真正意识到自己在乡村治理中的重要性，把自身的发展和乡村的发展有机地联合起来，不单打独斗，也不闭门造车，而是融入集体之中，大家一同接受法的教育和洗礼，成为学法、懂法、守法的好公民，用法的威力来造福自己和家人。

普法的全面推行是势在必行的，只有这样才能让百姓们清楚明白自己的主人翁地位，意识到自己不仅有法可依，还可以利用法的强大威力捍卫自身的正规、合法权利，也需要承担自身的义务，做一个有责任的公民。

1. 加大法治宣传教育

法治的顺利开展，离不开法律知识与精神的全面、详细、深入宣传和教育，各基层组织、事业单位、社会企业家都应当肩负起这个重担，将法普及到人民群众间，点燃全民学法、懂法、守法之光。

①绘制法治展览墙、编制法治学习图册；

②策划法治宣传视频和节目、组建专业的决治宣传刊物和公众号；

③开展法治进校园活动、将法纳入学校教学大纲中、开设法律知识展览馆；

④开展法治下乡活动，定期邀请专家、法律学者给大家讲述法律知识，或者邀请演员们将法治知识串联成故事，演绎出来，供大家观赏学习，在娱乐中悄无声息地传递法治知识。

2. 注意法推行的艺术

法治的推行也要注重一定的艺术性，贸然将各项法律知识和规章制度一股脑全部倾倒给农民们是行不通的，不仅起不到宣传法律的效果，那些冗长、晦涩、精致、高高在上的文字还会使本就文化程度不太高的村民产生各种抵抗情绪，让有的人不愿意接受法、讨厌法。

①推行要循序渐进，由浅入深，持之以恒；

②全面详细地了解法的实质，注重法的实效性，将与百姓们有着切身利益的法传递下去；

③在宣传法的内容和形式时，要采用多种多样、丰富多彩的途径；

④注意表达语言和情态，语言浅显、简明，情态要情真意切、诚恳、平和。

法律知识的宣传和教育不是一朝一夕可以完成的，基层领导组织们要保持良好的心态，积极响应国家政策，逐步打开百姓们学习法律的大门，点燃他们心中的法律之光，让他们领略法的精神和魅力，用法的光芒改变自己的思想和行为，让生活在法的笼罩下更加精彩。

但不得不承认的是，时至今日在农村进行全面深入的普法推行仍旧不简单，不是轻易可以实现的。仍需要党、政府的大力支持，需要各基层组织和广大人民群众的齐心协力，投入一定的时间、人员和财务成本，将法的理论知识和法的精神魅力传递到每个乡村、每户家庭、每个人身上，将法扎根于乡村，在乡间的土地上生根发芽，开出绚烂的花，结出丰硕的果。

（二）深化农村人的法治思维

法治乡村的全面深度推行，第一步也是非常关键的一步就是先转变农村人的思维观念，点燃他们内心中法律的火种，将法律深耕于每个人的大脑中，帮助他们构建多元化立体的法治思维。

思维上的逐步法治化，再触发行为上的变动，长此以往一点点突破乡村根深蒂固的局限性，将法律的知识和精神遍布整个农村。村民们养成良好的习惯，主动地学习法、深入理解法的内涵和外延、自如地运用法，将法这个工具的强大效用发挥到极致。

（三）强化基层组织的法治观念

依法治村的过程中，基层组织是榜样和旗帜，他们可以把握法的方向和力度，引领广大乡间百姓们不偏不倚，共同朝着法治化的轨道往前进。所以基层组织领导的干部们责任与义务非常重大，必须保证好他们大方向上的正确性才能使法治沿着既定的路线走，不让百姓们偏航。

基层组织领导们的思想和行为代表着党和政府的形象，应是庄严、公平、公正的。要注意引导他们法治观念的健康、良好发展，加强他们在法律知识上的专业度、系统性和严密性，让他们的法律旗帜高高树起。

1. 树立为民意识

于百姓而言基层组织领导是官，是一种高于自身的存在。而对于基层组织的领导们来说，想方设法地打破这种思维定式，拉近官与民的距离，直至消除两者间的身份地位界限，让乡村发展没有官与民的局限与束缚，能够有机地融合起来，则是非常重要的一项工作任务。

基层领导干部们只有树立为民的意识，一切思想和行为以农民们的安危和利益为出发点，才能尽职、尽责、全副身心都投入工作中，对法律忠诚、对人民忠诚，不被权力蛊惑、不为权力折服。

2. 强化法律精神

法不是纸上谈兵，也不是空中楼阁，更不是自欺欺人、愚弄百姓的嘴上功夫，而应当真正落到实处。

基层组织的领导干部们要强化自身的法律精神，时刻谨记法的权威和力度，在法律的范围圈内行事、处事，保证好自己的一言一行不脱离法律的掌控。

3. 保留法律底线

法律是有底线的，不管是官还是民都不能践踏，一旦谁挑战谁就将受到法律的制裁。

基层组织的领导干部们心中一定要保持住法律的底线，不要越界。在日常的村民事务的处理中不要徇私枉法，也不要贪污受贿，不搞关系之风、不行职务之便。

基层组织的领导干部们是乡村治理的领路人，是十分关键、重要、不可忽视的存在，其法律的涵养在推进乡村法治的开展中有着举足轻重的地位，是必须大力发展，严肃培养的。

法律的宣传教育不仅在于民间百姓，对于基层领导干部们也非常有重要。只有全面详尽地将法传递下去，让他们严肃、认真学习，才能将法融会贯通，在工作和生活中严格遵守法的规定，履行法定的义务，才能提升基层组织的法治涵养，为乡村输送一批又一批专业的、优质的领导力量。

（四）调动乡规民约的内在动能

乡规民约是民间在历史的积淀中逐渐形成的一种习惯法，延续了中华民族优秀传统文化中的社会公德、美德、修养和待人接物的礼节，被广大人民群众所信服，可以说深得民心、广受推崇。它对于农村人的言行举止、生存生活也有着强大的影响力，是乡村发展的内在动能。

法律是至高无上的，由国家强制执行，有着强大的束缚力和广阔的威力，这一方面是乡村习惯法无可比拟的。

习惯法的威力没有法律那么强大，但同样不可小觑它对于农村百姓的力量与作用。习惯法通俗易懂，是直接来源于农村生活的社会性规范，具有广阔的群众基础，深得民心，能够被大家轻易地理解、自觉地顺从。它对于村民们的思想和行为有着强大的约束力，在稳定农村的局面中功不可没。因此，在乡村法治的推行中，也要运用好这股力量，让法治进行得更加顺畅。

1. 尊重习惯法的效用

习惯法虽源于乡村，但有着一定的科学性、合理性，对于农村生活的影响力是不可估量的，同样值得尊重，值得推崇，不能忽视。在不违背国家法律的前提下，要尽可能地调动习惯法的效用，让习惯法发光发热。

2. 促进法律与乡村实际接轨

制定乡村法律的过程中应该注重素材的选取，应该全面、详细地考察农村的实际情况，大力取材于农村，与乡村的实际接轨，不要脱离百姓们的生活。

这就不得不借助习惯法的力量，从习惯法中汲取智慧和营养，了解习惯法的本质，将其内在规律熟练于心，将其中优秀的部分进行归纳总结，纳为正规的法律条例。切实地考虑到乡间发展的背景和规律性，深度了解百姓们的实际情况，将他们的权益尽可能地保障好，让国家定制的法律光辉照耀农村大地，将其威力淋漓尽致地展现在乡间。

3. 永葆习惯法的活力

习惯法的活力应该永久地保持下去，这样才能全面地让其发光发热更好地为法治效力。

法律有着强大的威力，可以给习惯法以指引，中和习惯法中的缺陷和不足，肯定、赞美、发扬习惯法中优良的部分，在乡间百姓们中间逐步构建好权利和义务的概念与思维。以此带动村民们对于法律的热情，拉近法与人之间的距离，让农村村民们能够主动地学习法、遵守法、拥护法。

法律的价值和意义，在于更好地保障人民群众的合法、正当的权利，让大家铭记于心，外化于行，齐心协力共创美好未来。

法律的最高目标就是成为广大人民群众的一种信仰，使大家能够由衷地拥护法的庄严、推崇法的效力、相信法的精神，善于运用法律武器来维护自身的正当权益，将法律遍布到生活的点点滴滴中。要坚持不懈努力，加大法律宣传和教育的力度，先改变乡间百姓们的法治思维，再一步步使行为合法、合规化，充分调动百姓们的积极性和主动性，利用好习惯法的功效，培养法治观念严明的基层领导组织，让乡村法律体系逐步建立起来。

二、提升经济实力，优化法治环境

经济基础决定上层建筑，这个真理应当贯穿国家发展的始终。只有经济发展了才能为政治文化的发展创造良好的条件，所以农村的全面、深化发展必须把经济实力的增长放在重要位置。

经济增长了，百姓们实现了温饱，慢慢吃得更好、更精致，口袋也逐步鼓起来，长此以往，他们的满足感和幸福感随之上涨，有了更多的时间和精力去谋求精神文化上的进步，这才是法治推进的最佳时机。所以要加大力度发展农村的经济，让经济实力的快速增长给农村法治建设以动力，优化乡村法治环境，让乡村法治体系更加完善。

（一）提高收入，加速农村法治建设步伐

乡村的发展的过程中，最为直观的表现就是农民们的可支配收入变多了，他们的财务来源更加广泛，口袋鼓起来，不用担心饥一顿饱一顿，餐桌上的食物也变得更加丰富。每个乡村都有自身的优势，各基层组织们可以扬长避短，充分利用好本村的资源优势，大力发展经济，让百姓们能够脱离贫困，过上富裕的好生活。

1. 提高村庄综合竞争力

每个独立的村庄都会有自己独特的文化和经济资源，存在着一定的优势

和劣势，在发展过程中，我们要注意规避风险，克服乡村的各类短板，大力激发乡村的优势和特色性资源，走一条可持续发展的道路，发展自身的独特产业，让村庄综合竞争力得到持续的提高。

2. 发展周边友好关系

基层组织们也可以多多发展与周边地区的友好关系，积极主动地向周边优秀的村庄学习，邀请他们来本村参观、指导，大家一起取经论道，在交流中共享经验和理念，力求为乡村的发展摸索出一条平坦之路，争取早日带领百姓们走出困境，拥抱美好、幸福的生活。

3. 推进农村科学化发展

农村经济的发展，想要保持永久旺盛的生命力，就得紧跟时代的步伐，加速经济发展的科学化节奏，充分利用好各类资源，带动乡村经济的平稳、快速发展，让大家过上舒适的好生活。

①合理利用资源，绿色、环保、有机地生产，提高农业的转化率；

②引入高科技、人才和机器，节省时间成本，降低发展风险，增加产品的附加值；

③借助互联网平台和各类宣传媒介，将农产品推向更加广阔的现实，实现农业的创收。

4. 促进农村规模化发展

农村的土地虽然十分广阔，但组与组之间、家与家之间大家都占据在自己的领土上，各自为王，没有形成规模化的集成效益。

基层组织们要打破这种固有的壁垒，让大家团结一致，把土地贡献出来，发展一大家子的经济才是王道，让本村的规模化经济先发展起来，再去寻求个人小家庭的利益。

综上可知，只有乡村的经济实力提升了，为百姓们提供坚实的物质基础，农民们的收入才能增多，口袋才会逐渐鼓起来。经济无忧，百姓们才有时间和心思积极地投身于法律知识的学习和实践活动中去，才会在维护自身的合规、合法、正当的权益时毫不犹豫地拿起法律的武器，与邪恶、非法势力相抗衡。

（二）农村发展，政府实力提高

政府实力的提高除了依靠国家的大力扶持和社会企业的责任与义务的承

担，也离不开农村经济发展所做的贡献。而政府实力的大幅度提高，又反作用于农村，让乡村的发展有了保障。

1. 带动村落的良性循环

农村经济实力的进一步发展，不仅给百姓们带来了福音，也能够有效地提高政府的实力，丰富了政府的创收来源，扩大了基层组织的财政收入，解决政府的财务问题，增加政府的综合调控能力，能够合理利用资源扶持一些较为落后的村庄，带动村落的良性循环，走上共同发展之路。

2. 让依法治村更进一步

基层组织的财务问题解决了，乡村的法治基础建设有了保障，法治的队伍更加强大，法律的宣传渠道和路径更加广阔，百姓们能够轻松、直观、近距离地接触到法律人员和法律机构，在需要时就可以寻求法律的帮助。这样让法治在乡村能够更加顺利地开展，依法治村的实现又更近了一步。

农村经济实力的大幅度提升，于百姓和政府都是有益的，各基层组和各乡镇机构要把握好农村经济发展的方向和力量，不遗余力地推动农村产业经济的优化升级，让经济为法治建设提供坚实的后盾与不竭的动力。

三、巩固政治基础，强化权力监管

乡村治理的完美实现必须牢牢固定好村民自治这一政治基础，它也是农村法治体系构建的充分条件，只有村民实现了高度的自治，才能缓解农村的动荡与不安，才能顺利攻克"三农"问题的瓶颈，才能激发广大农民群众的生活与工作热情，才能让基层领导干部的职业素养变得更加丰满。

不得不说，村民自治也是顺利推进乡村法治过程中一个非常关键的环节，只有将村民自治的制度不断优化升级，才能保证村民自治水平的稳步提升，以此带动法在民间的普及与推行，让乡亲们的法治意识和法治水平在日积月累中一点点强化。所以打牢乡村自治的制度根植，才能更好地促进乡村法治的构建，让法治的推行更加平稳、顺畅。

（一）健全村民自治制度

村民自治制度只有与时俱进，不断完善和健全，才能不落后、不退伍，紧跟时代跳动的节奏和前进的步伐，为依法治村创造有利条件。

制度只有贴近于乡间百姓们的生活才能产生效力，所以要把制度的知识和体系与民间主体有机地结合起来，打造一套完备的村民自治体系，让村民自治落到实处，真正体现百姓们的内在心声，实现村民们的高度自治。

1. 全面宣传村民自治制度

不管村民自治制度多么完善，多么美好，基层组织领导干部和乡间百姓们了解不了，意识不到，一切都将是空话。所以必须全面地宣传村民自治的知识，把其重要性条分缕析地呈现在大家面前，让大家清楚、明白并付之行动，在实践活动中积极主动，这样才有意义和价值。

①采用丰富多彩的形式和渠道，进行村民自治制度的宣传；

②将村民事务的信息公开披露，让百姓们知情；

③引导村民们参与村民自治中来，感受自治的精神和魅力。

2. 把主动权交给村民

村民自治的最终目标是让村民们做到自己的事情自己处理，自己的事情自己决定，拥有乡村发展的主动权。

①把握村委会组织成员的选择权；

②本村大大小小的事务都能够参与并决定；

③拥有对基层领导的监督和建设权；

④本村的各项资料和信息能够及时、全面地了解。

只有村民们把乡村发展的主动权牢牢地把握在手中，才能更好地实现自己的合法权益，才能深切地体会到责任与义务的重要性，将自治成为一种常态和习惯，推动乡村治理的长远发展。

3. 提升村民主人翁意识

村民们自治意识的提高并不会威胁到村委会的发展，这一点要明确好，相反它还能够形成一股无形的力量促进村委会的全面进步。所以各个村委会，要不遗余力地推动村民自治的良性发展，不断提升村民们的主人翁意识，让大家对参政议政充满着热情和期待，满心欢喜、轻松愉悦地做自己的主人。

只有官与民齐心协力，共同努力，才能在乡村点燃村民自治的明灯，指引基层组织和乡间百姓往法治化的道路上走。

（二）加大权力监督管理力度

权力的给予应该像风筝一样，可以无限上升、远离地面、翱翔空中，但飞得再高再远也不能脱离线的掌控。一旦脱离掌控就没有了意义，人失去了风筝，而风筝再也飞不上天，会造成两败俱伤的局面，权力也是如此。脱离掌控，无度的权力势必会破坏法律的权威和效力，严重地影响社会的和谐稳定和百姓们的和平生活。所以必须加大对权力的束缚，让乡村法治的道路更加平稳、健康。

1. 引导村民行使监督权

村民们不仅拥有基层组织领导干部的选择权，还应积极主动地对基层组织领导干部们行使一定的监督权，这既是权利也是义务，更是对自身权益负责任的一种表现。

村委会要将监督权下放给村民们，积极引导他们对于自身权利和义务的灵活运用，让法治深入民间。

2. 将政务放于阳关之下

各个村的事务如组织人员构成、职位权限、具体工作任务、晋升机制、财务往来、资金动向、各类动产和不动产状况等，无论程度的大小都不应当有所保留，要坚持公开、透明的原则，把一切政务都放于阳光之下，保证本村所有人都能够清晰、明白地看到、听到。

3. 实现村规范化的管理

乡村事务想要有条不紊地往下运行，就必须借助一定科学、合理、完备、系统性的章法来提供强有力的保证，而寻求事事都有章法可依的过程就是实现乡村规范化管理的过程。

①将村中一切事务的程序进行规范并公示；

②将村中所有事务内容进行规范并公布；

③将村中全部事务的时间进度安排通知到位，让大家知悉。

4. 打开村民上报之门

当村民们在本村的监督权受到强大阻力而无法表达内心的真实想法时，为了解决这个问题，让自己的监督权恢复正常使用，就不得不向上级或者更高级别的政府汇报。各级政府和司法机构应该打开村民们上报之门，建立有效的信息接收渠道和科学严谨的调查、审判机制，并广而告之，让百姓们的上报维权之路不再艰难。

在健全的村民自治制度和有效的权力监督管理体制的共同促进下，乡村法治的构建又上升了一个层次。村民们在实现高度民主与自由的同时会对权利和义务萌生出更多的热情，对法有更深层次的理解和更大限度的运用，在自己生活的土地上堆砌一层又一层法律的屏障，让农村变成法治的天下，不受邪恶、非法势力的入侵。

法治乡村的最终实现，还是得依靠稳固的农村政治的大力支持，只有村民们真正地实现了民主与自由，合法权益不受侵犯；基层组织领导者们尽职尽责，成为人民的好公仆，才能为法治的构建提供良好的保障，促进乡村法治平稳、高速发展。

四、完善司法体系，提供优质服务

法治乡村的构建的重点和难点就在如何建设一个完善、健全的特色性乡村司法体系。只有首先攻克最难点，在乡村构建一套科学、合理、行之有效的司法体系才能顺利改变乡村法治建设的节奏，加速推动法治乡村的全面、深化发展，让我国在法治大国之路上越走越远，越走越好，能够更加稳固地屹立于世界民族之林。因此，司法体系的力量不容小觑。

（一）建设好乡村司法体系

1. 司法体系的重要性

乡村司法体系的完备不仅与法治乡村的实现程度有着紧密关系，也是我国走向依法治国的必经途径，还关系到广大乡间百姓和基层组织领导们的日常生活和工作的开展顺畅程度，大体如下。

①给乡间百姓的正当权益以保障；

②维持乡间纠纷处理机制顺畅运行；

③打开乡间百姓法律援助、司法救助之门；

④营造公平、公正、和谐、稳定的乡村环境；

⑤提升基层组织领导干部的行政执法能力。

可见，乡村司法体系的改良与完备是相关机构一项责任与意义十分重大的工作任务，必须严肃认真对待，它是乡村法治建设的重点、难点，也是法治乡村的突破口。法治乡村再到依法治国的法治国家无一不需要科学、合理、行之有效的司法体系的贡献。

2. 司法机构建设方向

司法机构的完美建设也是党和政府一项任重而道远的工作项目，需要攻克很多难题，解决各种各样的矛盾，着力把缺陷和瓶颈突破，让相关政策、法令、条例等真正落到实处。让司法机构稳稳扎根于乡间土地上，让广大农村百姓们感受到司法的精神和力量，获得司法机构的全程庇佑。

①管辖乡村地区的上级政府要把握好农村的整体态势，根据实际情况，给予特殊乡村一些资金、人力、政策上的扶持；

②在乡村司法机构内实行首问负责制，提高司法人员的责任感、使命感；

③将司法人员的岗位权限和工作职责白纸黑字规定好，加强司法机构内部的牵制性，一层一层地实现相互制约与相互监督，让大家高效开展工作；

④对各个乡村司法机构实现动态监测，及时、高效、快速地发现问题、解决问题，让司法机构能够有条不紊地运转。

（二）组建人民调解委员会

在乡村司法体系之外也需要组建好各个乡村自己的人民调解委员会。一方面方便人民群众解决一些小纠纷和较为小型的刑事案件；另一方面也可以缓解基层法院的压力，让他们花更多心思在专业的案件中。虽然人民调解委员会是一个群众性组织，它的调解不像法律和行政一样具有强大的效力可以强制执行，但同样不可忽视这股力量，它在及时发现问题、灵活处理问题、与民互动上都有着很好的效果，能够有效地团结民众，促进乡村和谐稳定的发展。

（三）强化乡村法律队伍

乡村司法体系完备的过程中，对法律队伍的强化也是一个不可或缺的环节，人才素养提高了，法律队伍的效力将更加强大。

①建立法律人才培养机制，定期地进行专业知识和技能的培训，让大家养成精密的法治思维和强大的法治意识，让工作更加得心应手；

②经常性地开展思想交流会，了解大家工作和生活上的情况，及时发现问题，有效解决问题，满足大家合理的薪资待遇等各项福利需求，保障队伍的团结友爱，保障良好的服务，减少人员的流动性；

③让法律队伍保持旺盛的活力，不断地挖掘、争取拉入优秀的法律专才；

④将村和法律人才进行一一配对，让法律和村庄完美结合，方便人民群众，也让法律人才有更大的用武之地。

可见，乡村体系的完备也是一项攻坚战，不花费一定的时间、人力、财务等资源是难以完成的。只有加大力度构建好乡村司法机构、不断地强化乡村司法队伍，让法律真正下乡，使广大乡间百姓能够切切实实地触摸到法律，得到法律的完美庇佑，这乡村法治的道路才算平坦了。

第三章

乡村振兴背景下农村
纠纷与和解

乡村法治是一种状态，从实践的视角来看，一个非常重要的方面就是各种纠纷及其解决。乡村纠纷存在许多类别，其解决方式也存在多种，主要包括和解、调解和诉讼等。

和解是一个重要的纠纷解决方式，在中国社会发挥着重要的作用。我们的乡村社会更是在这个领域中有着自身特殊的优势资源，和解是乡村社会深处隐藏的法律智慧。当然，也许老百姓并没有意识到自身的智慧与卓越，然而他们千百年间正是这样实践的，这就已经足以证明和谐在维系乡村社会的秩序方面发挥了重要的作用，并且在漫长的历史发展中还将扮演着自身的角色。不要动辄就打官司，珍视自己的传统资源，才是谋求秩序的基础性环节。

第一节　乡村纠纷与和解的基本问题

一、乡村纠纷解决的基本问题

（一）乡村土地纠纷

土地纠纷是当下乡村纠纷的主要类型，乡村和农民由于其环境决定，便不可避免地与土地息息相关，土地在乡村对于村民来讲具有重大的意义，有时看得比生命都要重要，因此产生纠纷的概率也会更大一些。造成土地纠纷的因素具有以下几个方面，这也就是当前乡村土地纠纷的类型。

1. 村民对村集体利益的损害引起的纠纷

在乡村地区一些村民为了获得不正当的利益，不按照土地承包合同去做。比如有的村民会以较低价承包土地，然而却以较高的价格非法转包给其他村民，从中坐收渔利以赚取中间价；甚至一些村民根本就不遵守土地承包合同，故意不缴纳承包费，制造各种事端，致使村干部催收困难，使得集体和后续承包的村民有着不小的困扰。尽管中国农民具有质朴善良的美德，但是不能否认的是，也有一些村民过于自私自利，贪图小便宜，尤其是漠视集体利益，往往对集体造成损害。这是一个不容忽视的问题。

2. 村民之间的承包土地利益纠纷

乡村土地纠纷是经常发生在村民之间的纠纷，现实情况下不乏一些仗势欺人的村民侵占其他村民的土地。乡村土地的地界是引发纠纷主要的导火索，一些村民在翻地、灌溉土地的过程会侵占相邻土地，因此造成土地纠纷。除此之外，也有的是村民经过换地、转包等情况导致的历史遗留问题，造成现有承包土地者之间的纠纷。这往往是利益之争，谈不上什么深仇大恨，其中多数以公正的方式加以蟹决，问题自然地就会消解。

（二）乡村其他纠纷

土地纠纷是主要的一方面，但还有其他方面诸如婚姻、抚养、赡养甚至是延伸的农民工等方面的纠纷，都是乡村纠纷的重要类型，下面列举一些有关乡村其他方面的纠纷冲突，这些纠纷在乡村较为多见。

1. 婚姻家庭关系纠纷

婚姻自然是人类社会发展历史上永恒不变的主题，更是维系社会秩序的基石，任何忽略婚姻所具有的法治意义的做法都是错误的。婚姻自然意味着家庭，因此婚姻家庭的纠纷也往往错综复杂。在经过婚姻的结合后便产生了家庭这样一个基础的生活群体，尽管在家庭群体生活衍生着和谐、积极、团结、互助、友爱的美好精神，但我们不可否认，家庭也会有出现矛盾的时候，甚至有可能发展成为矛盾的升级——纠纷。

2. 抚养方面的纠纷

当然，从广义上来说，抚养问题也属于家庭纠纷，但由于其较为典型，因此分别单独论述。

法律规定，家庭当中的家长（父母）对未成年子女有着抚养义务。因此，家长在家庭当中扮演了一个非常重要的角色，由于支撑着家庭的经济来源，家长不得不部分乃至全部离家，相应的，就留下了我们所熟知的"留守儿童"，针对抚养纠纷，主要存在以下两方面原因：一是无力或不能按时向家中未成年人支付生活费、学费，给代为行使监护权的父母及亲戚朋友造成额外负担；二是因离婚，有的离婚双方不能很好达成协议或即使达成协议（或经法院决），双方（或一方）不能很好履行或不及时履行协议或法院判决，造成一些家庭的孩子抚养纠纷。这两种情况一旦产生，我们不仅要看到乡村纠纷解决机制的短板，而且对于未成年人的关爱和保护，也是我们言之不尽的一个沉重且深远的话题。

3. 赡养方面的纠纷

有关赡养的纠纷自然也属于家庭方面，同样由于典型化而将其单独论述。如上一条纠纷所言，除了未成年人外，还有一个特殊的群体，那就是村子里的年长者，包括一些孤寡老人。大多数老人们在家无力务农，更没办法外出务工，有的甚至连生活起居都难以自理，这样的情况同时也让赡养陷入两难境地。青壮年在家照顾老人将失去部分乃至全部经济来源，但青壮年外出又难以照料老人，这便引发了诸多纠纷。引发这类纠纷的原因较多。一是很多农民外出务工，不少农民工家庭压力大，上有老，下有小；二是部分农民工自身素质和能力弱，生存困难；三是一部分老人子女少，子女的负担重，而有的即使子女多，片面注重"免责"，兄弟姐妹相互推诿，不得不求助乡村调委会，甚至于有的还不得不走司法程序来解决问题。

4. 继承方面的纠纷

随着我国经济的日益发展，乡村经济搭着顺风车也逐渐改善，财产的充实不得已将继承问题摆到了台前。在财产分配和继承上，由于父母、配偶、兄弟、子女等多方面原因的牵连，继承的确成了一项"剪不断，理还乱"的问题。

5. 村民邻里的纠纷

基于农业的生产方式就决定了在较为狭小的乡村地域村民之间互相依赖的程度就比较高。因为交通的限制、生产力的不高、经济制度等因素使大家世代居住一起，形成了熟人社会。但是也有其消极的一面，例如自私自利、爱贪小便宜以及爱面子的小农经济意识在乡村社会仍然普遍存在。

6. 农民工方面的纠纷

农民工进城务工，无非是为了寻求好的发展以及得到较为不错的收入，以满足家庭的开销。但是由于他们的技能、水平、知识的限制，他们进城的选择比较有限，大多是比较原始简单的工作，诸如轻工业流水操作、作坊加工和体力活等。与之带来的相应保障和待遇问题产生的纠纷是主流源头。农民工是一个时代的特殊产物，他们一方面推动了社会经济的向前发展，另一方面也引发了许多有关农民工群体的纠纷，如合同纠纷、劳动纠纷、工伤纠纷等。由于求助途径和文化水平的限制，这些纠纷仅仅依靠农民工自身的力量大多难以妥善解决。

除此之外，农民工的劳资借贷纠纷也日益成为侵蚀我国乡村民间社会健康发展的隐患。由于我国正处于经济发展的转型期，同时也是各种矛盾纠纷产生的高发期，因此防范社会纠纷已经成为刻不容缓的紧急任务。

7. 其他纠纷

至此尚未论及的纠纷属于类型较为繁多、相对较为分散的纠纷，如问题没有彻底解决从而产生二次纠纷，交通事故引发的纠纷，还有部分涉及乡村的医患纠纷，都是困扰着乡村发展的问题。大多数乡村发展因为不像城镇发展那么快速便捷，相应的基础设施建设还有一定差距，在交通、医疗、保险等方面不能做到及时化解，有效处理。

二、乡村和解的基本问题

和解，作为一个道德与法律并存的智慧与概念，在随着时代的演进中，被赋予了更多的内涵。在生活中尤其是在乡村纠纷解决机制当中，扮演了一个非常重要的角色，无论是从道德上还是从法律上，都有着不可替代的鲜明意义。

（一）和解的两重含义

广义上的和解分为道德上的和解与法律上的和解。当然，这种区分也不是绝对的，道德上的和解中同时也会渗透着法律等其他各种要素，而法律上的和解中也会渗透着道德权威的运行要素。

1. 道德上的和解

我国历史上曾经有以下两种对和解概念的阐释，通过查阅相关的历史典籍可以看到古人如何看待和解以及为今天解决乡村纠纷提供有效的借鉴。两者都含有深厚的价值理论，每一种观点都是前人经验智慧的结晶。对于当今社会解决纠纷、化解矛盾具有非常重要的意义。因此，充分发掘我国古代传统的优秀资源、借鉴古人之智慧，对于丰富我们的救济渠道十分有益。

（1）宽和、宽容

我国拥有很多传统的关于"和"的价值观、世界观，有太多的优秀文化值得我们现代人深思。《荀子·王制》有言："和解调通，好假道人而无所凝止之，则奸言并至，尝试之说锋起，若是，则听大事烦，是又伤之也。"这句话的意思是亲和宽松调适通顺的人，喜欢宽容听从别人而没有止限，奸邪言论就会出现，试探说法就会蜂拥而起。如果是这样，要听取大量意见，事情又烦琐，就会伤害王者施政了。因此，我们可以看出，这里的和解有着形容词的词性，是指宽和、宽容的意思，类似于平易近人。所形容的内容比较广泛，可以不仅仅体现在人性上，也可以体现在事务上。这既是为人处世的一种态度也是我们古代传统的价值观念，用善意与其他人友好地相处，面对他人的缺点应该有包容的心。遇事应该大度以宽和之心对待他人，给别人方便就是给自己方便的朴素的处世观也正是"宽和、宽容"之意。

（2）平息纷争，重归于好

例如，"和气生财""家和万事兴""不要伤了和气"等中国传统的关于"和"的价值观念，更加反映出以和为贵的处事方法，中国人在骨子里就有"和合"的精神。一般来讲就是指与人为善、宽以待人及时消除纠纷。生活中的和解是来自社会本身的需求，其合理性内在地植根于人们的情感世界、利益协调和内心品质的基础之上，这在中国历史上有着良好的思想根基。

2. 法律上的和解

从司法意义上来讲，和解可以说是结案的一种方式。通过双方当事人意思一致，达成双方满意的结果也就完成了化解纠纷的目的，因此在诉讼程序上也就可以结束了。和解可以产生节约各种社会资源的社会效果，是目前最佳道德解决方式。和解作为我国案件纠纷终结的一种方式，越来越多地产生于我们的生活当中，这种制度的引进，在很大程度上拓宽了案件审理的渠道，也较大幅度地提高了案件审理效率。

（二）和解制度的兴起

目前我国的法院调解、诉讼和解与审判可看作民事诉讼中的三种纠纷解决方式。这三种方式在实体上的要求各不相同，所应适用的程序法也有很大的差异。它们之间的关系，在很大程度上就决定了一个国家民事诉讼程序的基本特征。

随着我国法治建设不断取得新的成效，法治观念与法治意识逐渐深入人心。市场经济的发展，经济利益的纠纷便日益增加，我们国家"以调为主"的民事审判方式发挥其应有的功效。一般认为，诉讼和解是双方当事人间达成的合意。即诉讼和解，是指在诉讼进行中，双方当事人在法官面前，就争议的事项进行自主协商，互相妥协或做出让步，以达成和解协议，从而解决纠纷、终结诉讼程序的一种行为，是诉讼中尊重当事人意思自治的重要表现形式。

（三）和解制度的特征

诉讼和解不仅能够节约大量的时间和金钱，而且还能有效地彻底解决掉纠纷。因此诉讼和解在解决一些纠纷上具有了强大的生命力，而在制度上诉讼和解的特征尤为明显，主要有如下的一些值得认真思考的特质。

1. 自主性

和解制度充分体现了双方当事人的自主性，是意思自治的体现。和解的前提是双方对于纠纷解决的方法均表示认同并且双方没有异议。自主性作为和解的主要特征之一，比起其他的被动解决纠纷方式来讲是最佳的纠纷解决机制。和解的自主性、自愿性，决定了双方内心深处真正愿意解决纠纷，并且积极地去履行达成的和解协议，从而节约了更多的司法资源。因此"合意性"是诉讼和解与诉讼外和解的共同特征，这个特征就代表了纠纷可以彻底地解决。

2. 一致性

诉讼和解是需要纠纷双方当事人达成一致意见，充分体现了民事诉讼法关于诉讼和解一致性的法律要求。但是诉讼外的和解并没有要求双方当事人共同向法院确认一致性的要求，二者还是具有一定的区别。诉讼和解要求必须是纠纷双方当事人向法院进行相一致的表述并且愿意以和解的方式终结诉讼意思表示后才可以终结案件。这是更好地尊重"意思自治"的原则。这样的法律规定充分保障了纠纷当事人各方的权益不受非法侵害，对于化解纠纷具有一定的积极意义。同时也是防止司法腐败的有效手段，有利于树立司法的权威。

3. 合法性

诉讼的和解一定是以合法作为前提，任何违法性的诉讼和解都是无效的。在诉讼法中明确规定法院是要检查和解协议的合法性，和解协议经过人民法院确认之后便具有了同判决一样的法律效力。但是我们所说的合法性是不违反相关法律法规的规定，但不是实体法律的规定。这一点是由诉讼和解过程的"合意性"决定的，也是和解合法性的必然。我国有明确的相关法律对于诉讼和解的规定，诉讼和解的进行都必须在诉讼法以及实体法的规定之下进行。任何和解的程序都应该是在合法的前提下进行，防止各种以非法的方式进行和解达到非法的目的。

4. 权威性

经过法院确认的和解协议同法院的判决书具有相同的法律效力，这直接表明了诉讼和解具有同判决一样的权威。在诉讼的过程中达成的和解协议区别于私下的和解协议，二者具有质的区别。诉讼和解协议在经过法院确认后便具备了同法院"裁决"一样的法律效力，如果一方当事人不履行法院的裁决，另一方当事人可以向人民法院申请强制执行。诉讼和解协议作为同人民法院判决一样的效力，自然也是代表着国家公权力，所以每个人都必须严格维护诉讼和解协议的权威。正是因为这样的法律程序规定，才使得和解协议具有国家公权力的权威性。和解协议被人民法院赋予的权威，使得纠纷当事人基于信任愿意采取诉讼和解协议的方式解决纠纷。

（四）和解的性质

关于诉讼和解的性质目前存在以下几种学说。

1. 私法行为说

一部分学者坚持"私法行为说",该观点认为诉讼上的和解是当事人在法院面前缔结的民法上和解,为了公正起见才记载在笔录上的;其诉讼终了的效果,是由于诉讼标的消灭或者伴随着当事人的撤诉来说明的。从该学说的角度来看,依照私法上的规定来解释诉讼和解的无效或撤销的问题。虽然这一理论认识到了诉讼和解的契约性,但是对于私法和解没有什么区别的诉讼和解为什么能够终结诉讼以及产生与终局判决同一的效力不能做出有效的理论说服。但是我们在这个学说中看到了纠纷当事人"意思自治"的体现,在一定程度上民事主体处分了自己私权利。

2. 诉讼行为说

一些学者的观点认为诉讼和解是完全不同于民法上和解的诉讼行为,是法律承认的替代解决的诉讼法上的协议。所以从这个角度来看,"它应具有与法院判决相同的既判力和执行力"。按照该学说的观点,私法上和解的无效或撤销原因的存在,对诉讼上和解的效果不产生影响。众所周知,诉讼和解毕竟是双方当事人为结束实体争议而达成的合意,必然会产生实体上的效果,所以,我们应当认识到诉讼和解的私法行为的性质。这一学说充分表明和解的性质定位。诉讼和解制度就是诉讼的程序之中达成的和解协议,这本身就是在诉讼的过程中产生的和解协议,并且此协议拥有法律意义上的强制执行力。从这个角度来看,"诉讼行为说"具有一定的理论空间。

3. 两种性质说

一部分学者坚持"两种性质说",该说认为诉讼和解兼有民诉法上和解和诉讼行为的两种性质和要素。其中既有两者混合并存说和单一行为两种性质说。单一行为两种性质说认为:诉讼和解在形式上是诉讼行为,而内容上是民法上的和解,二者具有依存关系,如果和解契约无效或可撤销,则诉讼和解也无效或失去效力。诉讼是实体法和诉讼法共同作用的"场",前两种学说从实体法或诉讼法各自单一的立场看待诉讼和解的性质都是不足以取信的。单一行为两种性质说相比较其他学说来讲更具有理论和实践价值,诉讼和解的本质就是纠纷主体在公权力运行的过程中处分了自己一部分的私权利。

（五）和解制度的价值

诉讼和解在运用过程中还有判决或是调解无法比拟的优势，积极发掘和解对于解决纠纷的理论价值以及实践意义，以便更好地破解社会纠纷。构建社会主义新乡村化解乡村纠纷仅仅依靠诉讼是不够的，拓展多元化的化解纠纷渠道才是符合实际的有效方法。和解制度作为一种解决纠纷的智慧，在前人不断丰富的理论内容之下更显得强大的生命力。无论乡村社会还是城市社会都是由人组成的社会集体，和解作为矛盾化解的有效手段，节约纠纷双方当事人的时间和金钱，并且避免了对国家司法资源的浪费。和解具有以下三方面价值。

1. 外在工具性价值

首先一些学者认为和解制度有其外在的工具价值，这样的价值观对于和解的本质以及功效来讲确实存在理论空间。任何解决纠纷的理论都可以作为调解社会矛盾的工具，利用这种工具可以维护社会的稳定。和解制度对于双方纠纷的当事人来讲，都可以看作是比较理想的解决方式。与传统的诉讼来讲，诉讼的过程过于烦琐，并且耗费大量的时间和精力，这些均会对纠纷当事人造成困扰。然而，有时候和解的效果要与诉讼的效果较好一些。众所周知，诉讼和解可以使纠纷得到尽早解决，可以使纠纷当事人尽快地从困扰之中解放出来。此外，一般来讲和解是纠纷双方当事人内心深处自愿达成的和解协议，因此最后履行的概率更大一些，这相比较诉讼而言最后执行难的结果更好一些。

2. 内在制度性价值

除了外在价值，一些学者认为和解制度在内在价值上也有它的优势，诉讼和解制度在司法实践中解决纠纷确实发挥了巨大的作用。由于经济的转型，社会的市场化不断加强，因此社会的整体节奏也比以往更加快。这就带来了各种纠纷矛盾的加剧，经济交往更加紧密，契约精神在市场经济下显得弥足珍贵。但是有时候诚信的缺失便造成了纠纷的发生，和解作为我国司法制度整体下的一环对于解决纠纷有其内在的制度价值。就其诉讼和解的本质充分体现了纠纷当事人意思自治的私权利与司法公权力的完美结合。因此诉讼和解对于解决目前的纠纷具有强大的制度生命力。

3. 社会构建性价值

和解制度是符合我国传统的"和合"的价值观念，乡村对于纠纷产生以后大多喜欢和解。在乡村地区家庭内部都会讲究"家和万事兴"的传统理念，因此对于家庭和睦具有重要的意义，即使家庭内部出现了矛盾，有时大家也会心平气和地和解。和解解决纠纷可以带来很好的社会效果，既节约了大量的时间和金钱，又可以很好地化解纠纷。私下和解与诉讼和解具有不同的性质，私下和解达成的和解协议仅仅具有合同的性质没有法律的强制执行力，很有可能一方违约导致和解协议的失效，很有可能继续诉讼浪费了社会资源；在诉讼和解中达成的和解协议具有法律的强制执行力，一方如果违反诉讼和解协议，另一方可以向人民法院申请强制执行。因此，诉讼和解作为目前解决乡村纠纷的有效手段对于化解乡村纠纷既具有制度优势又有文化优势。"和气生财"的价值观可以使乡村纠纷迅速地得到解决，从而节约更多的司法成本和社会成本。

第二节　和解的法哲学诠释

和解是发生了纠纷之后，人们之间就争执所达成的自治性契约。和解是民法实现的重要方式，被人们称为替代性解纷机制，也就是人们通常所称的ADR的解纷方式。这种方式是相对于法院诉讼而言的解决办法，在社会生活中被广泛地采用，尤其对于中国人来讲，和解是不伤害彼此和气的最佳办法。凡是在人类生活着的地方，就不可能没有纠纷，而纠纷产生之后，如何来解决这种纠纷，每一种文化所采取的策略是不同的。

现代中国是转型中的社会，既存在着传统的社会特征，也产生了新的社会特征，但无论是在传统色彩较为浓厚的乡村还是在新特征较为浓厚的城市，和解作为一种解决纠纷的方式都大量存在，和解的存在对于减轻法院的负担，对于实现民法的精神、原则和规则的知识内容具有基础性的地位。如果没有和解，大家动辄将案件的纠纷诉讼到法院的话，法院将人满为患，这是任何一个具有高效率的法院系统所无法承受的负担。

现代社会虽然是复杂化程度很强的社会，但生活在既定社会中的人们对于事理的把握和对于公平的认同以及对于情理的考量都是可以取得共识的，过分地夸大现代社会的多元化将不利于和解这一民法实现方式的发展和完善。

一、农民的和解意识状态

（一）观念状态

随着工业化的进程日益加大，农民群体也发生了巨大的变化，农民也已经由过去的单一化生存方式，走向了多元化，在多元化的背景下可以将农民子群体大致划分为四个子群体，即在乡务农群体、出外务工群体、经商群体和创办企业实体群体。这四个农民子群体大致反映了今天中国社会农民的角色分布状况。

按照在乡务农群体、出外务工群体、经商群体和创办企业实体群体的顺序而言，选择找人协调解决的人数越来越少，而更多的是倾向于打官司。从交往行为的角度来说，交往越多的农民，他们的和解意识相对减弱，更希望通过别的途径，比如说打官司的途径，来解决他们之间的纠纷。

（二）农民和解意识的群体变异

越是离开土地的农民，他们的和解意识就越弱。对于这样的现象是需要分析的重点问题。这种现象的存在有着深厚的社会结构的原因。在家务农的农民基本上都生活在一个固定的村落里，在这个村落里，大家都比较熟悉。熟人化的社会结构本身就是一个具有强大的塑造功能的结构模式，它对人们的行为往往提供着一种指导作用。在家务农的农民，他们对于农民生活都很了解，他们深切意识到一旦自己脱离了这个群体的结构形式，就很有可能被这个群体所抛弃。他们不愿意动辄就将官司弄到法庭上，这是他们的社会结构决定的必然选择。

造成这种现象也有利益方面的原因。土地上的农民要生活在固有的圈子里，他就必须遵循固有的法则，一旦不遵守固有的法则就会受到他人的指责，可能在这个群落里生活就会受到影响。最大的影响就是利益的影响，可能由于爱打官司而失去与他人合作的机会，容易被人疏远。而在熟人社会被疏远了，就意味着这要另谋生路了，而中国农民并不愿意离开土地，所以距离农民生活越是近，就越是具有强烈的和解意识，这是利益考量的结果。城市和乡村最大的区别是对于情面的重视程度，城市结构是陌生结构，乡村结构是熟悉结构，这就决定了农民在乡下和进城之后必然要表现出差异。

（三）农民和解意识理应转化为主体的自觉

中国农民在解决纠纷的时候更多的是要依赖第三者的参与，而很少自己与相对人坐下来进行积极主动的谈判与协商。但真正的和解理应是体现出一种主体自我意识的和解，这对中国农民来说是匮乏的。中国农民的和解意识缺乏主体性的精神，匮乏一种权利的主体意识。传统中国的农民就缺乏一种主体意识，这在今天并没有得到很大的改观，依然是传统的延续。和解不是一种无奈，而是人自我实现的一种方式，是市民社会的自治性精神的本质要求。或许传统中国的和解更多地考虑的是关系和人情的因素，或者说那是一种自然而然的习惯性行为。但今天的和解在基本精神上与传统的和解表现出了一定的差异，它也许无法最终摆脱人情和关系的影响，但在指导精神上，在引发和解的前提下却与传统社会的和解有着重要的区别，这一区别是内在精神的区别，是人的独立性差异的区别，是人作为人的尊严与人格的区别。依附性的时代已经一去不复还，向我们走来的是自由的时代，是人格的独立性获得更充分发展的时代，在这里，独立性的人的个性得到了张扬。

一种美好的生活方式必须能够让人们在精神上获得愉悦的价值，如果生活方式不能使得人的精神世界得到契合与满足，就是一种扭曲的和违背人性的生活方式。人类的发展过程就是不断地实现精神发展和精神追求的历史，人类在发展过程中不断地从依附性走向独立性，走向自由的境界，这是人类精神发展的本质，马克思也对这种精神的发展做过深刻的论述，他对于人类社会三阶段形态的历史划分就是从人的角度而进行的划分，这里他将人类历史的发展描述为一个人的自由不断获得发展的过程，这是人类发展过程中自我精神目的的显现。自由是人最宝贵的精神价值。和解作为人的生活方式，也是人类精神的外化形态，或者干脆就是人的精神的自我表现方式。既然和解是作为生活方式来存在，那它就必然要贯彻人类的精神价值，和解不能是对人性的扭曲，而理应是对人类内在的精神自由和尊严的一种表现，在和解中人不能贬低和歪曲人作为人存在的价值，必须使得人性得到弘扬、价值得以实现。人的精神是在不断发展的，人的价值伴随着人类社会的发展而不断地获得独立。和解作为生活方式，必须贯穿人的自由自觉的精神品格，必须体现人作为人的尊严。从生活方式的意义上讲，人没有了精神就难以实现自我，没有精神的生活方式只能是一种惜懂无知的生活，所以和解作为生活方式的意义就在于它能够表达人的精神需要，能够在和解中实现精神的内在价值。忽略了精神追求的和解就丧失了作为生活方式的价值和意义，生活方式在本质上不能没有精神的支撑，精神是生活方式的根本。尤其在现代社会，人类已经从独立不断地走向自由，而这一时代的生活方式必须能够呈现出对于时代的迎合。和解作为生活方式对于精神的表达不是人为的虚构，而是活生生的现实，是人作为生活世界的组成部分的主体对于生活理念和民法精神的自觉追求和实现。

二、和解的本质

和解是两个或者两个以上的人就某个纠纷所达成的一致意见。这个一致意见的形成不是外力强加的结果，而是各方当事人自觉自愿的选择，体现的是人类的主体自我意识，与民法中的自由精神、平等精神、意思自治的法律精神是相契合的，因而和解的形成就是对于民法精神的实现，自然也实现了民法的原则和规则。和解作为一种行动理性，其所秉承的是人在市民社会生活中所形成的理念，而这种理念在思想和民法知识体系的发展中获得了增强。如果说传统社会的和解来自社会的一种构造力或者受到那个社会的风俗的影响的话，而现代社会人们所理解的和解已经发生了变化，不是单纯从程序法的角度来理解和解，而是从民法实体法的角度加强对和解的理解，那么对于和解的这样的理解则体现为一种为现代社会人们所认同的自由的价值，意思自治是我们这个社会对人的基本尊重。

人类自启蒙运动以来，在市民社会孕育和发展的基础上，自由精神和人的主体自我意识在广泛的空间内获得了发展，而在市民社会和思想发展的基础上则孕育产生了民法典，民法典将意思自治看作自身的基本精神和原则，这是对启蒙思想的一种制度化和法律化。

和解这一民法自我实现的方式是人类主体自我意识的展示过程，也是民法的不断实现过程。民法作为知识体系最鲜明地体现了人的主体自我意识，确立了人自身的尊严和价值，生活在这样的民法知识话语当中，每个人都应该感受到主体自我意识的荣耀和力量。主体的自我意识构成了法律行为和一切行为的基础，健康的法律行为和行动理性来源于主体自我意识的加强，在这种自我意识的对象化过程中，每个人都要意识到自我意识的重要地位和价值。

民法的实现要仰仗于这样的主体自我意识，和解作为民法实现自身的一种方式也基于这样的自我意识，这样的和解将是一种主动的理性的选择，将是为了一种真正和谐而正义的秩序的目的而做出的选择。这种选择将是没有无奈和困惑的选择，也是人作为人的本质力量的对象化，是人自身价值在现实生活中的一种表现。这种对于和解的理解与民法的精神相契合。人是有强烈的主体意识的群体，人在这种意识以及这种意识的对象化行为中不断确认自身的价值，表现着强有力的对于自由、平等以及人类的高贵尊严的追求。

和解不是一种无奈，而是人自我实现的一种方式，是市民社会的自治性精神的本质要求。或许传统中国的和解更多地考虑的是关系和人情的因素，或者说那是一种自然而然的习惯性行为。但今天的和解在基本精神上与传统的和解表现出了一定的差异，它也许无法最终摆脱人情和关系的影响，但在指导精神上，在引发和解的前提下却与传统社会的和解有着重要的区别，这一区别是内在精神的区别，是人的独立性差异的区别，是人作为人的尊严与人格的区别。依附性的时代已经一去不复还，向我们走来的是自由的时代，是人格的独立性获得更充分发展的时代，在这里，独立性的人的个性得到了张扬。民法精神也伴随着这一时代精神而发生了变革，民法成了今天市民社会的根本大法，成为武装人们思想的重要知识力量。和解作为民法实现自身的方式，不仅体现了这一时代的基本精神，而且也要在这个时代精神的旗帜下实现着人们的正义事业的追求。

和解作为民法实现的方式是要彰显人本身的价值和意义，而不是压抑人的存在价值，和解在本质上是人的精神内涵和独立自由的价值的实现。

三、和解与生活方式

民法的本质在于民法主体自觉自愿的选择，离开了选择的自主性，民法的精神就会流失。和解尽管是一种民法实现的方式，但其本身最鲜明地表现了民法的基本精神，和解也是民法的组成部分。和解有两个基础：一是市民社会的生活本身，人们在市民社会中生活，自然要求以和解的方式来解决矛盾和纠纷，离开了市民社会的基础，民法将无从实现，和解也将丧失自身的存在合理性；二是和解的基础要到民法当中去加以把握，民法体现了市民社会人们的生活的意蕴和精神，是生活的现实表达。和解作为民法知识实现的方式，其本身就具有生活的价值和意义，只有从生活中加以把握才能理解和解的精神实质。

和解是生活的自然要求，体现的是生活世界的合规律性、合目的性。人在市民社会中生活，要遵守市民社会的基本规律，而市民社会的生活规律不仅包含了市民社会的现实规律性，而且包含了市民社会的合目的性追求。和解作为来自市民社会的一种形式，其本身就是一种生活方式。在这种生活中，人们要按照生活世界的基本规律来从事任何行为，同时贯穿着自身的目的性追求。所谓生活方式就是人实现自身的方式，这一实现的内容既包含着精神价值的实现，也包含了关系的实现，而其最后所达到的是一种和谐的生活状态。和解作为一种生活方式，也是对人的精神价值的实现以及协调性关系的实现，而和解的目的则在于在精神实现的基础上实现和谐的生活状态。

和解也是一种关系性的存在，表现了人们在关系中的自我实现。人作为一种存在不可能离开关系域，关系域本身就是人的一种存在方式和生活方式。人作为人不可能离开社会而单独存在，在本质上人是社会的动物，作为社会性的动物，必然以社会的理念从事各种各样的活动。关系给人生活的基础，给人实现自我的方式，人离开关系将没有任何实现自我的基础。人既然是关系性的存在，就必然要在关系中体现自我的价值和追求。社会中的他者的存在不是对自己的束缚，而是对自我价值的映射。不能将关系看作是手段，其本身就是目的，就是价值。和解在关系中实现，但和解并不因为要存在于关系之中而抑制人们的自由，合理的融洽的关系恰是对精神价值的一种彰显。人们越是自由，越是要追求精神，就该更加努力地追求一种和谐的关系。精神一旦离开了协调性的关系，就容易丧失自我，没有自我的关系是外在的、依附性的关系，是对人的尊严的漠视和亵渎。和解作为民法实现的方式，其生活的价值就在于能够在和谐的关系中实现人类作为人本身存在的价值理念和精神指归，所以和谐不能离开关系。而关系若要融洽也不能离开人类精神的价值，离开了精神之间的协调，关系将走向最终的毁灭，人们不可能容忍丧失了精神的生活关系，因为丧失了精神的关系泯灭了人的精神实质。民法是体现了生活世界的规律性和目的性的知识体系，和解是对这一知识体系的实现，实现了这一知识体系就等于实现了人们的自洽的生活，这样的生活才是人类社会获得和谐发展的根本所在。

和解作为一种生活方式不是简单的调和式的生活，而是生活的信念的外显，是精神价值在社会关系中的存续和发展。和解是对民法精神的实现，在精神的自我展现过程中，民法的价值得到了弘扬，和解因而具有一种现实的对象化的价值，自然也是一种生活的价值的体现。生活不是没有方向和精神指向的，那样的生活是盲目的。民法的实现不仅是民法规则的实现，而且也是民法精神的实现，两者之间更重要的在于民法精神的实现。

四、和解之精神实现中的障碍性因素

和解每天都在频繁地进行着，人们离不开和解，和解是人们的生活方式。在和解中人们确认自身的价值和理念，彰显自身的品格，实现自我的本质力量。和解中贯穿了一种精神，精神作为和解的内在品性理应在实际的社会运行中对象化。然而不能否认的是，在现实的和解运行过程中，有很多因素阻碍了民法精神、法律精神的实现，也抑制了人作为精神存在的本质力量。人的精神力量在和解的现实运行中并不是都能加以展现，而总是有所折扣。这就使得完全的独立自由的精神，在现实的民法运作中构成了对于民法精神的一定程度的背离。

在一个充满着人情的社会中，人们更容易就问题和纠纷达成和解，来解决问题，这是人情所起的积极的作用，但人情对于和解来说也有一些消极的影响，即在人情发达的社会中更有可能使得民法的精神受到损伤。民法是独立自主、自觉自愿的精神体现，它追求的是公平的法律内在价值，但人情向和解的渗透则可能使得民法的这种精神受到一定程度的抑制。人情有利于关系的和谐，但和解中对于人情的过分考虑将有损于民法的精神价值。人情始终是一把双刃剑，其积极的价值在于人们由于情感的因素能够采取和解的办法来解决彼此的纠纷，维护一种和谐的秩序，其消极的价值在于人们在和解的过程中会时常由于人情而做出妥协和让步，妥协就其对于秩序而言具有重要价值，但就其对公平而言却未必有积极的价值。而如果从长远来看秩序如果不以正义为基础，将难以长久地持续下去，丧失了正义的和谐可能是暂时的，而不可能真正有效地实现长期的和谐融洽。和解中不应该因为人情而丧失民法的基本精神和原则，这些原则和精神的丧失是对于民法实现的损伤。如果和解的一方主体在一次和解中由于考虑人情而失去了自己的应有利益，可能并不会让他过于心疼，但如果长期为人情所累，其必然会借助于法院来解决纠纷，而拒绝通过人情化的和解来解决纠纷。利益是人们在生活中一直关注的焦点，和解不能背离利益的公平，否则和解就难以成为人们长期合作的基础。当然，人情化的和解如果是发自人们内心的，将不会有什么危害，因为这也符合民法的精神。很多大公司之间之所以愿意通过和解的方式来解决彼此之间的纠纷，有时甚至其中的一方会做出让步，因为这些公司之间可能是长期的合作关系，在一次和解中这个公司由于人情的因素而做出了让步，在另一次和解中则可能是另一个公司做出妥协和让步，这样在长期反复的和解交往行动中就能够很好地实现公平以及自觉自愿的民法精神和价值，也能够体现主体之间的精神独立和尊严，彼此的认可在于利益没有人情而受到损伤，而当整体利益能够得以协调的时候，和解才能够发挥其重要且久远的作用。

和解有时也是通过霸道而形成的。这种和解不能良好地贯彻民法的精神，必然在实质上构成对民法精神实现的障碍。民法不是单纯追求一种和谐的秩序，而是在追求和谐的秩序、化解矛盾的同时能够使得人们的内在精神需求获得满足，这种民法的实现方式才是真正表现民法价值的方式。而以强势地位为基础的和解则损害了民法的精神，触犯了民事主体的尊严。

人们内心尊重的匮乏将导致和解难以切实地实现民法精神。尊重他者的权利和利益是民法精神的自然要求，也是民法实现自身的有效保障。在市民社会中一个不能很好地尊重他人的人很难在和解中消除霸道和权力观念，他们动辄运用自身的有利条件去追求自己的利益，而忽略他人的利益，这样导致的结果是民法精神的失落。和解必须建立在真诚的对话的基础之上，这一基础构成了现实的和解得以良好运行的前提保证。因此，人们应该努力地在自己的心态中确立良好的观念，做到能够真切地实现精神的价值。承认自己的尊严就要承认他人的尊严，也只有承认他人的尊严，才能真正地承认自己的尊严，自我的尊严是与他人的尊严牢固地结合到一起的。和解不仅是人们之间关于民事权利的交流，而且也是人们精神价值的交流，而精神的价值在其中始终起着一种引导的力量，它引导着和解向规范化发展，推动着和解对于正义价值的实现。

排除和解的障碍性因素是和解得以贯彻民法精神的重要条件，如果社会中的人们无法消除自身所存在的对于和解的破坏性因素，就难以真正地在活动的过程中实现民法的价值，也无法长久地获得自身的利益，更难以彰显民法的基本精神。和解不是简单的调和，障碍性因素的破除必将使得和解越来越能够为人们所践行。而和解一旦成为人们在民事纠纷中的主导性解决纠纷途径，其所带来的成效将是十分突出和明显的，这不仅实现了民法精神、原则和规则，而且也将带来社会成本的降低，推动具有正义价值的和谐秩序的建立。而充满着正义价值的和谐秩序正是法治的追求。

第三节　推动乡村和解的建议

我国法治建设的重点在基层，难点也在基层，因此推进乡村法治建设对于乡村振兴具有重大的意义。要依法、及时、有效地化解各种社会矛盾，个人认为，领导要重视，干部重心要下移，要有一个财力支撑，强化基层，着力解决农民群众普遍关心、影响乡村社会稳定的突出问题，努力提高管理和服务乡村社会的能力。乡村的问题有其自身的特点和规律，因此我们应该深入乡村社会，切实了解乡村社会存在的问题，多角度地探析解决乡村纠纷的方式和策略。

一、加大普法力度

就目前的实际情况来看，乡村中农民的法治意识依然淡薄，需要人民法院和乡镇加大普法力度。在乡村社会开展各种形式的普法活动，有助于增强村民的法治意识。乡镇政府可以向村民免费提供一些与乡村纠纷较为密切的法律法规，并且积极地为村民们讲解相关的法律法规；积极地引导村民遇到纠纷一定要向法院寻求帮助，依法解决问题。乡镇政府应该为乡村普法提供必要的经济支持，积极主动地正确指导乡村法治建设。同时也应该完善乡村村务的透明度，特别是广大人民群众比较关注的财务事项，对于涉及村民的重大利益事项应该主动公示。并且也要建立健全乡村监督机制，切实为了防止乡村腐败发挥实际的功能，避免相关的乡村纠纷，建立制度上的约束。

二、开展乡村传统道德教育和文化建设

基层人民政府加强乡村地区开展"弘扬中华民族的传统美德"的教育活动，以各种文艺的形式向村民宣传道德伦理、互帮互助、相互礼让为内容的社会主义新风尚。村两委也应该在乡镇政府的指导下，切实完成宣传的工作。党员同志积极地向人民群众宣讲有利于化解乡村纠纷的美好道德，形成团结互助的美好乡村氛围。对于村里表现较好的村民应该给予表彰，树立村中的道德模范，形成标杆的作用，努力改造村里存在的不良风气。在乡村广泛开展评选"好人好事"活动，选取道德高尚的人成为全村的榜样。村两委对于村子里的陋习应该及时地批评指正，要将乡村出现的赌博、好逸恶劳等不正之风消灭在萌芽之中。只有在乡村树立正确的道德风尚和价值观才有可能降低乡村社会的纠纷，从而创建最美乡村。

三、增强基层党组织在乡村建设中的领导核心作用

我国构建和谐社会的重点和难点在基层，特别是广大的乡村地区。乡村的稳定与繁荣直接关系到社会主义现代化建设的进程，因此应该积极地发挥乡村地区党组织的战斗堡垒作用以及广大乡村党员的带头模范作用。乡村党组织应该积极地贯彻党中央对于发展乡村相关的政策，切实把工作做到实处。充分发挥基层乡镇政府的领导作用，加强基层政府对于乡村工作的指导，及时将乡村的纠纷化解在萌芽之中。建设社会主义新乡村需要社会各界的支持和帮助，需要基层政府、村两委等相互配合协调共同努力构建社会主义新乡村。切实做好防范乡村纠纷的预防工作，切实维护好广大人民群众的根本利益，密切联系群众及时发现乡村纠纷并解决乡村纠纷。

四、认真破解有关土地和宅基地引起的纠纷

乡村中的土地纠纷、宅基地纠纷、林地纠纷所占的比重是比较大的。土地和宅基地对于村民来讲非常重要，在乡村一些地区有些村民甚至把宅基地作为自己安身立命的基础。因此，如何有效地破解这些难题，对于乡村建设来讲是具有重大意义的。

在乡村应该明确每个村民的土地承包权，把可能发生纠纷的事情消灭在萌芽之中。村两委应该积极为村民之间的土地准确地确权，防止日后发生纠纷。村民与村集体之间的纠纷也是比较常见的一种纠纷，应建立健全乡村土地发包的监督机制，由乡镇政府指导乡村土地和宅基地的确权事宜，坚持公开透明的原则，切实维护乡村土地发包的正常运行。有关村集体的重大利益都应该向村民公示，比如村集体与村民签订的土地承包合同、土地征用的标准等一系列重大问题。

五、建立健全乡村矛盾纠纷调控预防机制

任何社会纠纷是可以预防的，在这个过程之中乡村村委会应当发挥其应有的作用。村委会作为村民自我管理、自我教育、自我服务的村民自治组织，对于化解村民纠纷具有天然的优势。基层人民政府、乡村人民法庭、村两委等应该联动起来，建立健全乡村纠纷预防、调解的有效机制。村两委作为乡村自治的组织在发现本村纠纷隐患具有天然的优势。乡村社会的纠纷具有其本身的特点和规律，做好预防工作其实并不是什么特别难的事情。但是村集体的负责人同志应该具有敏锐的洞察力和及时化解纠纷的能力。在一个村集体中有着共同的乡村文化，对于一些纠纷是可以通过村委会出面解决的。此外，乡村人民法庭对于村民的法治宣传也是比较重要的手段；积极发挥人民法庭应有的作用。基层政府对于乡村纠纷预防机制应当给予政策指导和资金帮助，为构建一个和谐的乡村社会而不懈努力。

第四章

乡村振兴背景下农村纠纷的诉讼与调解

第一节　农村诉讼问题

一、乡村诉讼的基本问题

（一）乡村法庭的制度演进

提到乡村诉讼，不得不涉及的一个制度就是乡村法庭制度。乡村法庭在性质上可以说是人民法院的派出机构，其不仅担负着法治建设之战斗堡垒的神圣使命，而且也是化解乡村纠纷的第一现场。在地缘上其往往都是位于我国广大的乡村地区，是获得乡村司法救济的最近、最有效的公权力救济渠道。乡村法庭为化解各种各样的纠纷发挥了重要的作用，为构建和谐的乡村社会以及弘扬社会主义法治作出了巨大的贡献。乡村法庭在乡村工作中面临着各种困难和问题。首先，从硬件上来看，简陋的办公环境、陈旧的办公设备等不完善的基础设施是其普遍存在的共同问题；其次，从软件上来看，法庭工作人员的法治素质参差不齐。这些因素都会直接影响到乡村法庭的每一项工作的正常进行。因此，应善于发现乡村法庭存在的问题、分析其存在的问题、解决其存在的问题，完善乡村法庭的各项制度，以便更大程度地发挥乡村法庭化解乡村纠纷的作用，为实现乡村振兴、构建和谐社会、实现中华民族伟大复兴提供法治力量。

乡村法治是中国法治建设的重要领域之一，不断完善乡村法庭的制度是不断提高国家治理体系与治理能力的必然要求。在中国法治发展的历史进程中，乡村法治作为其中一个重要的领域也经历了不同的发展阶段，每一个历史时期都有乡村法庭的历史使命。乡村法庭作为国家司法机关的重要组成部分，必须依法履行自己的职责和义务。乡村法庭的设立同时也会受到地方政府财政的影响，乡村法庭各项工作的正常运转需要地方政府财政的支持。

在乡村法庭建设的过程中不断地遇到新问题、新困难，一个重要的因素就是改革开放水平的不断提高导致乡村社会日新月异。党和国家坚持以经济建设作为工作的重点，其必然也会导致乡村向城镇化转型，随之而来的便是乡村纠纷的多元化、新颖性、复杂性等一系列问题。在社会转型的大环境下，人们的法治意识不断提高对乡村法庭的建设也提出了更高的要求。

我国法治建设的重点与难点就是在广大的乡村地区和社会的基层，建设高质量、高水平的乡村法庭，这是我国法治建设的必然要求。根据每个地区的实际情况建设、发展、完善乡村法庭，真正使广大的人民群众近距离地感受到司法公正、司法文明。

（二）乡村诉讼的特点

与其他环境下的纠纷相比，乡村民间纠纷有着自己的特点。首先，乡村最常见的工作就是田间劳作，纠纷一般与农业生产有关；其次，由于受传统文化因子的影响，纠纷的解决方式一般与传统法律文化关系密切；最后，由于乡村地域较封闭，是一个典型的熟人社会，纠纷通常表现为邻里或朋友间的矛盾。以下为现阶段乡村诉讼的主要特点。

1. 乡村诉讼的标的额较小

由于乡村经济发展水平往往落后于城市的经济发展水平，所以乡村纠纷的标的额一般不高。乡村经济发展水平直接决定着乡村纠纷标的金额的大小，并且大多数案件都是邻里之间的纠纷。离婚案件、宅基地纠纷、一般侵权等纠纷一般很少会涉及金额较大的标的。

2. 乡村诉讼一般发生在熟人社会

现阶段的乡村虽然较之以往开放了许多，但是天然的地域状况、紧密的乡土人情、浓厚的宗族观念，依然在乡村熟人社会中占据着重要的地位。乡村社会的交往大多依然是在熟人之间进行，错综复杂的乡土人情、千丝万缕的人际关系依然根植于广大的乡村地区。所以熟人之间发生纠纷的可能性是比较大的，完全不认识的陌生人之间产生纠纷较少。因此，乡村纠纷一般都会发生在熟人之间。

3. 乡村诉讼出现新类型的趋势加强

一般传统的乡村诉讼大致包含家庭之间子女对父母的赡养、父母对子女的抚养、夫妻之间的婚姻、一般的债权债务、用益物权确认纠纷这几类。但是随着市场经济的不断发展，新类型的乡村纠纷也随之出现，如人口在乡村与城市之间的流动直接引发了劳动纠纷等。这种新类型的乡村纠纷产生的根本原因就是改革开放的经济资本不断涌入乡村地区。

（三）乡村诉讼的定位和作用

一般而言解决乡村纠纷具有很多方式，选择不同的解决方式则是与现阶段的经济发展水平相关联。乡村纠纷的解决方式大致有诉讼、调解、和解三大解决方式。这三类解决纠纷的方式具有不同的社会效果，其中和解、调解相比较而言比诉讼的方式占的比例较大。

诉讼的解决方式是典型的借助公权力来解决纠纷的渠道，其相比较和解、调解是具有更强公信力、权威性的机制。纠纷的一方起诉至乡村法庭，由法庭的法官根据现行的法律作出公正的裁决。在我国推进全面依法治国的大背景之下，普法的宣传力度不断加强，人民群众的法律意识不断提高。虽然诉讼的方式耗费当事人大量的时间和精力，但是其拥有较高的公平公正的权威性，所以人民群众对于债务纠纷、劳动纠纷、离婚纠纷等案件通常会采用诉讼的方式来解决。可以说乡村诉讼是解决乡村纠纷最后的选择方案和最权威的解决方式，对乡村治理和社会安定发挥着不可替代的作用。

（四）乡村诉讼的过程与方法

我国推进全面依法治国的观念已经深入人心，在乡村社会的纠纷中人们逐渐开始寻求法律作为解决问题的方式，因此乡村法庭对于乡村社会的影响是非常大的。人民法庭所作的裁决书不仅仅是诉讼结束的标志，更是司法文明的展现。

1. 乡村诉讼的过程

乡村纠纷案件从法院审查起诉与立案两个步骤。乡村案件的受理是关系到纠纷能否进入司法程序的重要一环，法院受理纠纷案件标志着开始行使司法审判权力，同时也代表着纠纷一方成功行使起诉的权利。根据目前的法律规定以及实际情况，乡村纠纷案件的起诉人都要到当地基层法院去立案，当地的基层法院经过仔细研究讨论之后再分给相对应的乡村法庭。这样的做法一方面，有利于减少乡村法庭的办案压力，有利于专注法庭对案件的审理；另一方面，也有利于维护司法公信力，促进司法的公正。

乡村诉讼的过程正是法律思维运用的动态过程，即法官如何将书面上的法律转化为实践中的法律。在实际的司法实践中，法庭的判决一定是法律事实依据与情理综合考量的结果。乡村法庭的法官面对一个纠纷首先就是要寻找案件裁决的依据，法律的适用问题是法官必须熟练掌握的技能。法官在具体了解到案件的基本情况下，便开始查阅法律的相关规定，通过以往积累的经验方法和技巧在合法与合理之间寻求一个平衡点。法律的适用过程并非简单的形式三段论予以简单罗列，而是在考虑乡村社会的风俗习惯、社会稳定、公平正义等各种要素的情况下作出裁决。但是在复杂的乡土社会里如何寻求法律依据并非简单的事情，在维护法律权威的前提下实现实质正义需要法官的经验与智慧。乡村纠纷有其乡土文化的特殊之处，法律适用时不仅仅要考虑制定法还要考虑到习惯法，否则不仅不会很好地解决纠纷甚至还会使矛盾升级。

2. 乡村诉讼的方法

乡村诉讼的方法比较灵活，法律的适用不能只拘泥于狭义的制定法。乡村法庭的法官处于乡村纠纷的最前沿，经常面对的是一些复杂而且棘手的难题。但是乡村法庭的法官根据经验一般会综合使用各种法律规定来应对各种复杂的乡村纠纷，处理乡村纠纷案件一定要在合法与合理之间灵活地寻求平衡点。

文本性的法律规范是没有生命力的，只有人民法庭的法官在司法实践中作出合法合理的判决才真正体现出法律的规范作用。面对乡村纠纷的时候，法官一定是综合运用自己的经验、乡村习惯、法律知识，并且还要结合实际情况灵活运用自己的司法智慧与方法，最终的司法裁决一定是在解决纠纷的基础上实现合法与合理的融合。

二、乡村诉讼面临的问题及应对策略

(一)乡村诉讼面临的现实问题

在我国新乡村社会转型的背景之下,民事纠纷转向刑事案件的数量不断增加,乡村的矛盾愈发激烈,乡村诉讼案件呈现出逐年上升的趋势。乡村诉讼面临下列问题。

1. 乡村社会的转型逐渐打破乡村传统的社会秩序

在我国改革开放不断深化的浪潮之下,乡村社会也随之发生巨大的变化。市场资本涌入乡村逐渐冲击了原有封闭循环的农业经济,乡村社会的转型逐渐改变了原有的生活方式,不同文化的传播逐渐改变了一些农民传统的思想等因素,很大程度上冲击了乡村传统的社会秩序。维护乡村社会秩序的传统伦理社会道德,在社会的变革中逐渐被冲击。一些农民群众在新的社会环境中受到巨大经济利益的冲击,面对新的事物、发生新的纠纷难免不知所措,传统的伦理社会道德已经不能再解决新的问题。乡村人民群众的行为和思想也逐渐经济化,面对更多的利益,开始淡化名声面子,对纠纷不再相互忍让,不能用以往的社会道德约束自己的行为。因此,包括诉讼案件在内的乡村社会纠纷案件数量逐年增加。

2. 乡村城镇化转型过程中违法犯罪的现象层出不穷

改革开放的浪潮对乡村社会产生了深远的影响,不同地区的乡村经济发展水平参差不齐。乡村地区的一部分青壮年外出城里打工,但是还有少数文化素质偏低、游手好闲、想不劳而获的闲置劳动力成为乡村安全的隐患。交通、通信的快速发展促使乡镇与城市的联系更加频繁紧密,留守乡村的一些青年面对城市里一些奢靡的不正之风,出现了不必要的生活负担。由于入不敷出导致生活压力的增大,再加上不能正确看待城镇化带来的经济资本的涌入所引起的贫富差距,因此一些村民便开始了盗窃、抢劫、抢夺等违法犯罪的活动。财产类案件的比重也是逐年增加。

3. 乡村社会普遍文化较低,法治意识薄弱

目前我国一些乡村地区,有很大一部分村民由于受到经济水平、教育水

平的限制，面对各种纠纷时不能寻求正确的解决方式。朴实的农民在受到侵权时由于没有寻求国家法律的帮助，反而会助长一些坏人的嚣张气焰，使他们更加藐视法律的权威。纠纷得不到妥善解决；依然是乡村社会的安全隐患。改革开放以后出现的不良文化与淳朴的乡村文化相互碰撞，产生的不正之风也是导致一系列纠纷产生的根源。

4. 送达和取证比较困难

目前一些乡村的交通、通信相比较而言还比较落后，这就给法庭送达文书带来了特别大的困难。有的时候法院无论通过邮寄送达还是直接送达都很难找到被告，即使询问当地的村民也很难得到答案。

（二）提升乡村诉讼质量的建议

1. 加强基层法院和乡村法庭司法队伍建设

目前乡村法庭的法治资源的配置逐渐不能满足日益增长的乡村纠纷，县级法院、不设区的市级、市辖区设置的基层法院也面临同样的困境。现阶段我国的司法实践中除了中级人民法院、高级人民法院、最高人民法院管辖的一审案件以外，其余的一切都由具有管辖权的基层人民法院管辖。我国幅员辽阔，东西部在经济水平、文化水平等方面是发展不平衡的，但是总体的纠纷案件仍然以基层法院为主。因此国家应为基层人民法院和乡村法庭配置更多的司法资源来应对日益增长的纠纷。特别是应采取有效措施鼓励新毕业的法科大学生、研究生到乡村基层去。这对充实基层司法队伍以及对年轻法律人的成长来说都是十分必要和十分宝贵的。

在完善人民陪审员制度方面：一是落实陪审员法，优化陪审员结构，特别是扩大既有一定文化知识，又有一定法律素养的农民（农民工）的占比；二是保障陪审员经费，解决陪审员的后顾之忧；三是强化陪审员义务，减少和克服人民陪审员"陪而不审""审而不议"的现象。

2. 提升村民的文化素质和法律意识

提升乡村居民的文化程度，特别是法治意识，是实施乡村振兴战略的内容之一。因此，基层政府应加大宣传力度，提升法律宣传效果。随着乡村居民法律意识的提升，既可以预防和减少不必要的诉讼案件，也可以缓解送达难和取证难的压力。

第二节　调解的基本问题

一、调解的种类

一般来讲，调解是基于中立的第三方在纠纷当事人之间协调，最后达成合意和解决纠纷的机制。调解与和解同为使当事人达成合意，消除冲突，使纠纷得到解决。两者重在消除当事人的对抗，尤其是当事人的心理对抗，从而弥合两者的情感冲突以达到解决纠纷的目的。从长远来看，这种心理上的弥合更有利于纠纷彻底解决，维持和谐的人际关系。两者的主要区别在于调解过程中有第三方的参与，该第三方出于解决纠纷的目的，对冲突双方进行劝导，调和两者矛盾，提出纠纷处理的建议。从第三方参与的角度来看，尽管调解与法院诉讼都有第三方的参与，两者间却存有差异。调解重在通过第三方促使双方达成合意来解决纠纷，而法院诉讼则为强制性的裁决。

中国当代的调解制度指人民政权的调解制度，它体系庞大，因第三方身份不同又包括以下四种：第一，人民调解，即民间调解，是人民调解委员会依据《中华人民共和国人民调解法》对民间纠纷的调解；第二，行政调解，是基层人民政府和国家行政机关依法进行的调解；第三，仲裁调解，是仲裁机构对受理的仲裁案件进行的调解。上述这三种调解都属于诉讼外调解。第四，法院调解。它是人民法院对其受理的民事案件、经济纠纷案件以及轻微刑事案件进行的调解，属于诉讼内调解。需要说明的是上述四种调解，在乡村最常见的应属人民调解和基层人民政府所做的行政调解。

二、乡村调解的运行机制

（一）人民调解的角色与定位

人民调解是社会治理的重要环节，这在乡村治理中表现得尤为典型。乡村人民调解不仅在纠纷调解中扮演关键角色，而且广泛、深入地参与乡村事务。乡村人民调解依托调解委员会运行。调解委员会是村民委员会下设的群众性自治组织。调解委员会主任多由基层党组织书记、村委会主任兼任。乡村专职人民调解员一般都是村里德高望重的长者，或者是乡村人民法庭派出的工作人员。

人民调解机制对于乡村各种各样的纠纷既能预防又能及时化解，例如在土地发包、修桥修路、合同买卖等活动中时常能看见调解员的身影。在这些纠纷中人民调解员一般会受到村委会的邀请，作为第三方积极地化解村庄利益分歧和村民矛盾。调解员的组成人员大都是土生土长的本地人，对乡村生活具有丰富的人生阅历和敏锐的观察力，因此能够第一时间接受、了解乡村纠纷的信息。并且对于乡村秩序的波动有着直接的感知。由于市场经济的资本不断涌入乡村，房地产开发公司对于乡村土地的补偿问题成了群体性事件的导火索，有经验的人民调解员不仅关注村民个人与房地产开发公司的纠纷，还会主动建立企业与村集体有关土地补偿标准的交流平台。乡村人民调解机制使得人民调解员广泛、全面地参与乡村事务，及时地化解乡村纠纷。

（二）人民调解的优势

1. 程序简便，形式灵活

就目前而言，人民调解相比较其他的解决方式具有巨大的优势，无论是程序上的便利还是形式上的灵活，都体现出很大的优越性。在乡村社会产生纠纷之后，人民调解可以第一时间提前介入，无论是书面调解的形式还是口头调解的形式，及时化解乡村纠纷。因此，目前调解的形式是，没有特别的规定，人民调解员可以根据具体纠纷的特点来采取不同的调解方式。在调解的过程中人民调解员可以根据纠纷双方当事人的意愿选择时间、地点等充分利用乡村的各种力量参与解决纠纷。人民调解化解纠纷机制的优势可以由不同数量、不同职业、不同年龄的人民调解员参与调解，所以相比较于诉讼，人民调解的运行机制简单灵活，并且能够充分整合社会各种资源，体现群众的自治精神。

2. 成本低，效率高

调解之所以深受人们喜爱的另一个原因就是节约纠纷当事人的时间和金钱。人民调解具有公益的性质，并不会收取纠纷当事人的钱财。同时调解相比较诉讼而言具有经济性，一般的调处都是采用属地调处以及减少支出的工作方法。在这种机制之下就大大地减少了纠纷当事人解决纠纷的经济负担，有利于节约社会上的各种资源。由于公益性的本质特点，不收取纠纷当事人的钱财，也是防止司法腐败的有效手段。目前调解针对乡村中标的额较小的矛盾纠纷是最佳的解决方法。只要纠纷双方的当事人在不违反法律和社会公共利益的前提下，真正自愿同意达成和解协议，就能够随时结束争议。

3. 充分尊重当事人意愿

人民调解在很大程度上都是体现了当事人的意思自治，因此自愿性成为人民调解的重要性质之一。在人民调解的整个过程中都充分体现了纠纷双方当事人的意愿，这样的特点决定了最后达成的和解协议具有很大程度的可接受性。无论是人民调解程序的启动还是程序的结束，都由纠纷当事人说了算。纠纷当事人对于人民调解的每个步骤都是有主导性的，并且人民调解员不能强制当事人接受任何调解方案。自愿性在调解机制中发挥了巨大的作用，充分体现了纠纷当事人对于民事权益的处分权。在乡村地区当事人之间的联系非常紧密，很大程度上都是低头不见抬头见的乡里乡亲，以后的生活还是互相都有交集的。老百姓一直讲究"得饶人处且饶人""退一步海阔天空"等朴素的价值观，并且解决纠纷后仍然需要在共同的区域一起工作和生活。最后人民调解员一旦调解成功，矛盾很快就被化解，恢复睦邻关系，这有利于构建社会主义和谐新乡村。

（三）人民调解员对人民调解的支撑作用

在人民调解机制中人民调解员有着自己的工作方法和策略，在长期扎根乡村地区总结出丰富的经验。建立健全一支高素质的人民调解员队伍是非常关键的一步，它可以充分发挥人民调解员的经验和智慧。社会普遍认为，乡村人民调解是民间权威的体现，即调解委员会通过聘请处事公道、能办事、具有较强社会影响力的村民担任人民调解员，完成纠纷调解。然而，单一依赖调解员的个人影响力不足以有效支撑乡村人民调解的运作，这种影响力是"个人权威"，其与传统社会中以家族、宗族缩合后表现出的民间（组织、系统）权威具有本质区别。在乡村地区由于法律常识的不足经常会误认为人民调解员是代表国家的公权力来解决乡村纠纷。这可能是由于人民调解员经常会和基层人民法庭、基层人民政府之间紧密的合作有关。在乡村地区经常会把村中德高望重的乡村精英纳入人民调解员的队伍之中，这是基于乡村精英个人的权威与办事的能力，才赢得广大村民的支持和信赖。所以，乡村人民调解员的选择十分重要，应该积极地将办事能力较强、公平公正、品德高尚的乡村精英纳入人民调解员队伍，这样可以不断地强化村民对于人民调解制度的认同感和信赖感。

人民调解机制应该与其他党政机关、社会团体相互配合共同发力；建立健全内外相互协调处理乡村纠纷的工作机制。人民调解组织应该积极寻求与村委会的合作，争取基层人民政府的支持。人民调解员在调解乡村纠纷的时候不能处于孤立的状态，应该与乡村的村委会、村党支部形成有效的统一体，并且要与乡村人民法庭形成有效的联动。在乡村纠纷中人民调解发挥着基础建设性的作用，加强与党政机关、社会团体等有效的合作，即使面临土地发包、宅基地、婚姻等纠纷时也能够很好地解决。

人民调解机制还有另外一个重要的预防纠纷的功能，人民调解机制扎根于广袤的乡村地区，对于了解乡村的经济发展规律、风土人情、纠纷特点具有天然的优势。人民调解员大都是德高望重的村民，可以对纠纷产生前进行预测以及在调解协议达成后催促及时履行发挥了巨大的作用。通过对一些调解员的调研沟通后，他们认为"调解员要经常与老百姓接触，要让老百姓看得见，这样才可以和百姓心贴心，才能更好化解纠纷"。同时，我们也应该认识到村民纠纷中人民调解的艰苦性，人民调解员要经常在村民之间走访交流发现纠纷的隐患，才能为及时化解纠纷奠定坚实的基础。

（四）人民调解在乡村的运行状况

人民调解的组成人员也都是来源于广大的乡村地区，具有天然的乡土情怀，在解决纠纷的过程中凭借都是熟人、亲友、乡里乡亲的地缘、人缘优势解决问题会很顺利。因此人民调解在我国乡村地区不断发展、进步、完善，这种纠纷解决机制已经成为化解我国乡村各类民间纠纷的重要方式。调解充分体现当事人意愿，在相互协商的过程之中友好地交流。并且人民调解员在解决纠纷的时候会根据案件的复杂程度采取不一样的解决方式，例如采取单独调解、共同调解、直接调解等手段。这就在实践操作层面促进了整个人民调解制度的有效运转，为化解乡村纠纷提供了制度保障。

为了更好地辅助人民调解机制，应在乡村引进律师、法律工作者等乡村法律工作办公室参与复杂的乡村纠纷。这就大大提高了人民调解的权威性。

第三节　调解的法理学分析

一、乡村调解与法治建设

（一）乡村调解存在的必要性

1. 建立多元化纠纷解决机制的需要

在我国推进全面依法治国的大背景之下，乡村社会的法治建设可以说在一定程度上取得了一定的进步，村民的法治意识明显提高。部分村民在遇到纠纷之后会选择向人民法院起诉的方式来解决，从这个角度来讲村民对于诉讼的法律知识已经有了一个全新的认识。另外，人民调解也作为乡村纠纷解决机制的一种方式，对于化解乡村纠纷也发挥了巨大的作用。人民调解与诉讼并不是矛盾的，二者可以说是相辅相成的关系。根据目前乡村社会的不断变化，面对新的社会形式每一单个解决纠纷的形式都不能孤立存在，探索建立健全多元化的乡村纠纷解决机制是符合乡村实际情况的。

（1）建立健全多元化纠纷解决机制来应对乡村社会的发展变化

近年来，乡村社会在改革开放以及乡村城镇化转型双重影响之下发生了巨大的变化，市场资本不断涌入乡村，使得外来的经济利益以及不同的文化严重冲击了传统乡村社会的价值观。传统的伦理道德与巨大的经济利益相比更显得苍白无力，因此在乡村经济转型的过程中引发了大量的纠纷案件。一些乡村村民正在面对巨大的经济利益的诱惑，例如房地产开发公司与村民之间的土地补偿款纠纷、拆迁安置费纠纷、乡村企业与村民之间的劳资纠纷等一系列以前都不存在的新事物不断出现。这些巨大的经济利益使得村民不再淡定，打破了原先大家都差不多的局面。一些村民突然之间的暴富引发了大量的社会纠纷案件。一系列社会问题导致村民之间已不再是淳朴的关系，开始变得更加复杂与多元。面对乡村社会关系的变化，也需要建立健全与之相协调的纠纷解决机制来适应新的社会要求，原有的人民调解纠纷解决机制仍有其存在的必要性。

（2）建立健全多元化纠纷解决机制来弥补诉讼的不足

以国家公权力为代表的诉讼在解决乡村纠纷的过程中确实发挥了不可替代的作用。诉讼是在人民法院与纠纷当事人共同参与下，依据国家法律程序以裁决的方式明确各方的权利义务关系，并由法院、公安、监狱、军队作为国家强制力保障实施。由国家权力而非冲突主体或其他第三人来解决社会冲突是诉讼的本质特征所在，这也决定了诉讼裁决的权威性。我们看到了诉讼以国家公权力的介入依靠国家的司法力量解决各种社会纠纷的重大优势，但是我们也应该看到村民在面对纠纷的时候采用诉讼带来的一些不便之处。

首先，我们国家的一些法治理论借鉴了西方国家的一些理论。我们国家的基本国情与西方国家的国情具有较大的差异，因此也会产生一些与我们中国本土相矛盾的法治思想，这就可能阻碍了司法活动的顺利推进。其次，诉讼作为公权力解决乡村纠纷的一种解决机制，有时候在解决乡村纠纷时会失灵。乡村社会有自己"民间性"的特点，民间纠纷有自己的特殊之处，公权力的介入有时并不能很好地解决纠纷。最后，诉讼会耗费纠纷当事人很多的时间和金钱，这确实是一个比较现实的问题。综合以上几种因素，建立健全多元化的纠纷解决机制也是为了弥补诉讼的不足之处，积极发挥人民调解机制也是比较省时省力的选择之一。

（3）建立健全多元化纠纷解决机制来满足村民纠纷多元化的需要

在乡村地区由于经济的发展促使矛盾纠纷的多样化，自然也就决定了乡村纠纷解决多元化的发展趋势。充分体现村民的意思自治也是有效化解纠纷的方法。建立健全多元化的纠纷解决机制，让广大的村民根据自己的实际情况采取自己需要的解决纠纷的方式。从司法上来讲意思自治是人们可以充分处分自己合法权利，在不违背法律法规以及社会公共利益的前提之下，纠纷当事人所作的决定都是合法有效的。权利的可处分性是民事纠纷的一个重要属性，因而当事人有权选择何种纠纷解决方式来实现自己利益的最大化。建立健全乡村纠纷化解机制可以在最大程度上使纠纷当事人表达自己的诉求，充分尊重当事人的自由选择权并以当事人的合意为基础。在合意的基础之上，最后的纠纷结果在很大程度上使人们容易接受。积极建立多元化的纠纷解决机制可以给纠纷当事人更大的选择性,在法律层面充分保护了纠纷当事人处分合法的权益。这样无论是节约社会成本还是及时化解纠纷都是最佳的选择,同时也意味着国家对公民自由和权利的尊重。

2. 实现法治秩序的需要

在国家的法治化进程中,明显地感觉到国家法律作为一种外部规则向乡村社会渗透,强调法律在社会调整中的权威性,旨在实现法治秩序。在全面依法治国不断推进的过程中,国家法律却遭遇来自乡村社会的"地方性知识""乡规民约""风俗习惯"的强力抵抗,因此产生了国家法与民间法两者之间的冲突。要解决两者间的冲突则需要我们深入理解产生这一冲突的原因。我国的法律有些是从西方吸收与借鉴的,西方的法律在更大意义上被理解为一种与伦理价值和道德原则相分离,具有内在自主逻辑与运行规律的科学性的社会技术和形式主义化的规则体系。当这样一个规则体系被我国吸收和借鉴时,与我国乡村社会自生自发形成的内部规则就产生了冲突。因为这个引进来的外部规则体系并未内化为乡村社会乡民自身的知识。要使国家的法律体系在乡村社会得以运行,必须使这些规则在乡村社会中获得广泛承认,才能真正实现法治秩序。要使法律获得社会的广泛认同,法律必须反映社会共识。人类生活要存续就必须进行相互交往,社会的许多基本功能也必然通过交往行为来实现。通过这种主体间的沟通与交往,法律不因其形式理性而使自身合法,乃基于主体间自由、平等的交往对话而获得社会的认同。

法律虽然是由国家立法机关制定并颁布成为普遍的规则用来解决社会纠纷,但是法律终究还是来源于实际的生活,脱离了实际生活的法律是没有生命力的。法律的相关规定一定是体现社会生活中的交往理性和内部规则。纠纷双方当事人通过人民调解的过程也是对于目前法律的积极沟通、认知和学习过程。社会的纠纷不可能全部纳入国家法律的范畴。国家给予纠纷双方当事人一个平等交流对话、平等协商的渠道,可以使当事人自由地表达自己的合法诉求。最后的共识之下一定会引用目前的法律法规,因此也是对于法律理解、接受、运用的一个动态过程。由此,形式理性的法律通过主体间的对话沟通而获得社会的认同。要使法律获得广泛的认同,形成社会共识,主体间的这种沟通是必不可少的,在纠纷解决领域,调解对其起到了积极作用。

（二）乡村调解发展的制约因素

1. 调解员整体素质有待提高

乡村人民调解员队伍的整体素质有待提高，其成员大都是村委会的主要成员、村党支部的主要成员、村里德高望重的长者组成。这些土生土长的村民在年龄上都是稍微年长，并且受教育的情况不是很乐观。由于一部分乡村人民调解员队伍的文化程度、法律、政策以及业务水平不高的因素，直接影响了日益复杂多样的乡村纠纷的顺利解决。乡村整体的经济也是处于转型期，社会矛盾日益激烈。大量的新鲜事物随着改革开放以及乡村振兴战略的施行涌进一部分乡村地区，市场资本的涌进直接冲击着原来的乡村经济模式、社会秩序。村民面对巨大的经济利益难免经不起诱惑，造成乡村的纠纷呈现多元化、多样性、复杂性、新颖性的特征。以往的乡村调解经验有时候会在新的矛盾纠纷下失灵，给人民调解员带来了更高的要求。因此，及时地提高人民调解员专业的法律知识，丰富人民调解员的经验和技巧，实现由以往的情理的劝说到法理分析的转变，是每一个乡村调解员面临的严峻挑战。

2. 调解所需经费保障不到位

乡村调解经费不足给人民调解工作带来了巨大的不便。现在乡村经济水平有所提高，但是一些偏远地区的乡村财力依然不足，使得乡村人民调解委员缺乏必要的资金支持，工作难以顺利进行。人民调解员的薪酬并不是太高，难以发挥人民调解员的工作积极性。因此，人民调解组织的资金不足严重地影响着调解工作的进行。

3. 调解评价机制不尽合理

我国的东西部发展的水平是不一样的，东西部的乡村的发展情况是不一样的。每个地区有自己的特色情况，有的地区经济发展水平较高，人们的素质普遍较高，纠纷也特别少，如果根据调解案件的数量来考量人民调解员的业绩明显不太合理，这也会严重打击人民调解员的积极性。因此每个地区应该根据自己的实际情况建立符合实际的奖励机制，把人民调解员的积极性调动起来。

4. 调解员的业务培训力度有待提高

建立健全乡村调解员的培训机制更有利于乡村调解员发挥预防和解决纠

纷的作用。人民调解员战斗在纠纷的一线，决定着纠纷解决的成效，因此提高人民调解员的综合素质对于更好地解决乡村纠纷具有重要的意义。

5. 人民调解与司法调解缺乏衔接

从理论上来讲人民调解作为非诉讼调解，在解决乡村纠纷中发挥了巨大的作用。人民调解可以说是依靠民间力量来解决民间纠纷，区别于官方的诉讼调解。人民调解机制化解乡村的纠纷具有天然的优势，人民调解员作为中间人对纠纷当事人进行劝解。人民调解员作为土生土长的乡村人本身就具有了亲和力，无论在调解的时间、地点、参与人等方面都具有很大的灵活性，这就比诉讼调解更具有了优势。在人民调解之下纠纷当事人能更好地表达自己的诉求，纠纷当事人可以在互相平等的基础上协商，充分发挥意思自治的优势。但是，人民调解最后达成的调解协议没有强制执行力，仅仅具有合同的性质，这就为日后一方反悔埋下隐患。然而诉讼调解作为官方的机制，在人民法院的法官调解之下达成的调解协议虽然也只是具有合同的性质，但是纠纷一方当事人不履行另一方就可以向人民法院申请强制执行，这是明显区别于没有强制执行力的人民调解协议。

（三）乡村调解发展的对策建议

1. 优化人民调解队伍，提高调解员素质

乡村纠纷在改革开放以后以及市场经济不断深化的前提下，呈现出复杂性、新颖性、多样性的特点，对目前综合素质不高的人民调解员提出了更高的要求。首先，吸收更加优秀的法律人才进入人民调解队伍是解决这一问题的人才保障。优秀的人民调解员是摆在人民调解工作的第一个难题，吸收退休的法院的法官、检察院的检察官、公安机关的警察、法学院的法学教师、律师进入人民调解员的队伍之中。这些优秀的法律工作者拥有丰富的法律经验和智慧，处理乡村纠纷具有专业知识上的巨大优势。这些退休的法律工作者对于解决纠纷具有独特的优势，可以通过他们对于本村的人民调解员进行培训，不断地提高乡村人民调解员的法治素养。对于本村的村民有志于从事人民调解员的工作的，应该经过村民的投票成为优秀的人民调解员。其次，就是提高人民调解员的待遇，基层人民政府应该给予从事解决乡村纠纷人民调解员的福利待遇，充分发挥人民调解员的积极性。对于优秀的人民调解员

给予一定的物质奖励和精神奖励，颁发荣誉证书在多方面积极地调动人民调解员的积极性。再次，应该每年对人民调解员在法律专业知识以及调解技巧等综合素质进行考核，对于不符合标准的人民调解员及时清理出人民调解员的队伍。保证优秀的人民调解员发挥其专业知识的同时实现自己的人生价值。最后，向全社会征求法律志愿者对乡村纠纷进行志愿服务，充分发挥社会上的优秀法律人才力量。

2. 确保人民调解的经费保障到位

人民调解的工作需要资金的支持，资金不足也是影响人民调解工作的一个方面。一些村集体本身的经济水平并不高，村集体的财力比较薄弱，甚至有的村集体根本就没有财力支持人民调解组织。首先，基层人民政府应该保障乡村调解组合的资金需求，保障其正常运转，发挥解决乡村纠纷的优势。其次，村集体可以向全社会征集资金，建立专门解决乡村纠纷的账户，用于乡村人民调解的组织费用。最后，向本地区经济效益较好的企业寻求资金的帮助，专款专用公开透明的原则征集资金。通过以上几种渠道获得资金来源，解决乡村调解组织资金不足的局面。

3. 完善调解评价机制

有效的考评机制可以激发人民调解员工作的积极性、创造性、主动性，在考评的过程中采用的标准应该灵活，不可以一刀切，应该充分考虑到不同地区的实际情况，制定符合本地区实际情况的考评机制和奖励机制。对于在不同地区不同情况的乡村地区采取不同的考评机制。在纠纷较多的乡村地区，可以根据人民调解员的调解纠纷的数量和质量进行考评，对于优秀的调解员给予奖金和颁发荣誉证书。对于纠纷较少的乡村地区则不能依靠处理纠纷的数量的标准来考量，应该以提出如何有效预防乡村纠纷的建议或者方法作为参评依据。只有灵活地运用考评标准，才能有效地激发广大人民调解员的积极性。人民调解作为处理民间的纠纷的乡村民间力量，对于解决目前乡村的各种纠纷都是非常有帮助的。

4. 加强调解人员的业务指导与培训

加强人民调解员的业务培训是解决一些人民调解员综合素质不高的有效手段，针对以往的调解员没有经过培训直接上岗的弊端，应加强人民调解员岗前培训工作。人民调解员作为战斗在乡村纠纷的第一现场，其自身的综合素质决定着解决纠纷结果的质量。制定一套系统的人民调解员管理制度，对于提高人民调解员的综合素质具有重大意义。

首先，严格把关人民调解员的进入制度。对于乡村的人民调解员，应根据不同年龄段村民的学历有一定的要求。文化素质在一个方面是反映乡村的人民调解员知识储备量的一个因素，提高学历要求也是出于目前人民调解工作的需要。其次，建立人民调解员岗前培训合格制度。对人民调解员进行法律法规的讲解十分有必要，可以聘请一些经验丰富的、优秀的人民调解员传授调解经验和技巧以及必备的业务能力，来不断地提高解决乡村纠纷的水平。在经过培训后，要进行专业知识、法律常识、调解技巧的考核，考核合格者进入人民调解员的队伍，否则不予录用。再次，建立人民调解员定期交流制度。当地的人民司法局或者司法所定期组织人民调解员交流分享经验的活动。这样为应对复杂多样的乡村纠纷建立一个智库，大家集思广益共同探讨新形势下的乡村纠纷解决技巧以及经验。聘请专业的律师或者退休的法官带领大家学习法律知识，组织各种各样的模拟法庭活动。最后，建立人民调解员淘汰制度。对于在多次考核不合格、业务能力不强、品德不高、违法违规的人民调解员进行清退。一定要保证人民调解员队伍不仅具有过硬的业务能力也要有过硬的道德品德，只有这样才能够充分发挥人民调解员作为解决乡村纠纷的战斗堡垒作用。

5. 建立健全人民调解与司法调解有效衔接制度

人民调解作为民间解决乡村纠纷的力量，由于其根植于乡村、发展于乡村、服务于乡村，对于化解乡村的纠纷以及维护乡村的社会秩序具有重大的意义。然而，正是由于人民调解具有民间组织的性质，因此其作出的调解协议并没有法律意义上的强制执行力，其调解协议仅仅具有合同的性质。然而司法调解不同于人民调解，作为官方代表国家公权力的司法调解最后达成的调解协议，如果纠纷当事人一方不履行，另一方可以向人民法院申请强制执行。因此应该建立起多种纠纷互相衔接的机制，形成国家力量与民间力量相互配合共同发挥各自优势的制度，人民调解与司法调解相辅相成的工作体系，人民调解委员会、人民法庭、派出所、劳动社保等部门共同发力，化解各种乡村纠纷。

（四）调解在转型期乡村治理中的转化

1. 实现乡村社会调解组织的自治

随着我国全面依法治国进程不断推进，法治建设确实取得了巨大的成就，但是我们不能陷入"法律万能论"的错误认识之中。我们应该清醒地认识到法律调整范围的有限性，维护社会的稳定也应该发挥非官方的民间力量。因此建立健全乡村社会调解组织的自治机制，充分发挥人民调解组织自我管理、自我服务、自我教育的功能，及时将乡村的纠纷在不违反相关法律法规以及社会公共利益的前提之下解决。当然，乡村社会的人民调解组织必须坚持依法设立、依法管理，必须把人民调解委员会纳入国家法律的调整之中。在坚持符合法律法规的前提之下，使人民调解组织充分发挥主观能动性，充分利用乡村社会的各种资源，及时将乡村纠纷化解在萌芽之中，这也是法治化的重要表现形式之一。

2. 实现调解中当事人的自治

要充分发挥乡村社会的"意思自治"，建立健全多元化的纠纷机制。村民在面对纠纷的时候可以根据自己的实际情况选择自己解决纠纷的方式，在尊重乡村纠纷当事人的主体地位的前提下，人民调解员积极地推动纠纷当事人在平等协商、意思自治的基础上表达自己的诉求，协商解决纠纷的方案。调解的本质就是纠纷当事人的意思自治，在充分对话的基础上可以更加彻底地解决纠纷。在不违反现行的法律法规以及社会公共利益的前提下，纠纷当事人都可以自由地处分自己的权利，真正地实现契约自由意思自治。建立健全多元化的乡村纠纷解决机制是村民选择解决方式的前提条件，尊重纠纷主体自由处分自己权利的意思自治。这是区别于乡村传统强制调解的方式，这个过程需要保障纠纷当事人自由地选择何种解决纠纷方式的自由。

3. 调解依据不限于国家法律

目前乡村纠纷调解工作任务非常繁重，乡村调解面临的困难是多方面的。人民调解根植于广袤的乡村地区，同时也受到当地风土人情、道德伦理、风俗习惯的影响，这些因素被人民调解吸收之后也会形成具有本土特色的解决纠纷的方式。因此，人民调解组织在调解的过程中的调解依据并不仅仅是现行的国家法律，还有当地村民普遍认同的价值观和信仰。因此不能仅仅把国家的法律作为人民调解的依据，在不违背法律以及社会公共利益的情况下，村规民约、风俗习惯等都可以作为调解的依据。人民调解员在调解的过程中应在充分理解法律背后的价值观和实质公平正义理念的前提下，适用法律以及其他调解依据。

二、农民调解意识的法理学分析

当今中国的农民在遇到问题与纠纷的时候缺乏相应的主体自我意识，而更多的是凭借第三者的权威来加以解决。

（一）农民愿意接受调解的原因分析

中国农民喜欢在发生纠纷之后寻求调解的解决方式，这与传统有着深切的关系。中国传统社会总体上还是以无讼为其主流的观念形态。这种传统决定了人们更愿意在法庭之外解决问题，寻求第三方的调解就成为中国人首要的选择，在传统社会有寻求长辈调解的，有寻求德高望重的权威人士调解的，有寻求乡民士绅调解的等，形态不一，但都是由第三方来加以调解。这种由第三方来调解的行为实际上不仅可以有效地解决问题，而且还可以防止日后后悔，从而也具有一种长远的价值。村民虽然生活在现代社会，但传统观念作为一种从历史上传承下来的思维模式和行为模式依然控制着当代人的选择模式。正是在这种传统观念的深刻影响下，中国农民在总体上都普遍愿意选择调解的解决纠纷的方式。

对于思维方式和行为方式都受到传统观念影响的中国农民来说，调解的解纷方式能够有效地维持人与人之间关系的协调。为了维护一种良好的协调关系，中国人普遍愿意接受调解的解纷方式。其实调解是有不同的分类的，既有国家公共权力机构的调解，也有民间权威的调解。对于中国农民来说，他们更倾向于民间权威的调解，比如他们普遍愿意在发生了纠纷之后，找寻双方共同信赖的前辈人士来加以调解，这种调解没有国家公共权力的干预，也不会伤害纠纷双方之间的情谊，而问题的解决也往往非常有效。但中国老百姓并不拒绝国家公共权力机构的介入，只要国家公共机构能够公正地帮助他们解决问题，那么他们是非常愿意接受国家公共权力的调解的。

（二）国家对调解的支持和鼓励

因为农民对于调解有着最为根本的需求，因此国家要在观念上支持调解、鼓励调解，而不是鼓励人们打官司。乡村村民很质朴，他们从心底里盼望着法庭之外的方式来解决他们的纠纷。作为国家公共权力理应对农民的调解的愿望加以鼓励，从而为在法庭之外谋求和谐的局面提供某种支撑。

同时国家也要完善相应的调解机制，使得调解能够更加有效地发挥构建和谐社会的功能。一方面，公共权力要完善公权力机构的调解机制，使得由公共权力介入的调解既能够体现当事人之间的自主性，同时又能够体现国家在调解中维护公平正义，从而使弱势一方免受侵害的重要作用。另一方面，公共权力要大力支持和鼓励民间化的组织形式的调解，充分调动民间调解的力量，民间调解力量的调动将有助于节省国家的经济开支，并且民间调解也更能够契合农民纠纷的实际情况，从而使得调解更能够发挥其应有的功能。

第五章

乡村振兴背景下的农村
多元纠纷解决机制

第一节　农村多元纠纷解决机制的必要性

农村地区的纠纷处理方式应该是在传统和现代之间、人情与法律之间寻求的一种平衡，而且应当包含传统纷解决机制的合理内核，并在现代法治理念的引导下加以规范，避免单纯依靠司法诉讼来解决纠纷的局限。在制度设计的时候应该考虑传统的非诉讼纠纷解决方式和诉讼纠纷解决方式各自的优势和不足，把二者很好地结合起来，使纠纷解决的各种方式都充分发挥作用，只有这样才能有效地处理农村社会纠纷，维护农村社会的稳定。

一、社会转型期纠纷的特殊性

目前我国正处于由农业、乡村社会向工业、城市社会的转型时期。在改革开放不断深化的浪潮之下，乡村社会随之发生巨大的变化。市场资本涌入乡村逐渐冲击了原有封闭循环的农业经济，乡村社会的转型逐渐改变了原有的生活方式，不同文化的传播逐渐改变了一些农民传统的思想等，这些因素很大程度上冲击了乡村传统的社会秩序。乡村社会法律纠纷呈现出客体复杂化、规模群体化、类型多样化、解决方式剧烈化等特征，乡村社会需要政府、社会和个人共同参与的共同治理，相应的解决乡村纠纷也需要政府、社会和个人三方面的积极性，形成乡村的多元化纠纷解决机制。

二、传统的非诉讼纠纷解决方式难以适应社会发展和农村需求

目前在广大的农村地区，民间调解、行政解决、仲裁等作为本土化的纠纷解决方式，对农村纠纷的解决起到了很大的作用。他们有自身优势的同时也存在一定的不足，难以满足当前农村群众的需求。

（一）民间调解

民间调解长期以来在解决农村纠纷中发挥着重大的作用。民间调解包括一般的民间调解和人民调解。一般的民间调解指的是家庭和家庭内部的调解以及村中有威望人的调解，这种调解一般成本较低，而且也能得到双方当事人的认可。人民调解是指人民调解委员会在双方当事人自愿的基础上，以国家有关法律、法规和政策为依据，采用说服教育的方法，使纠纷双方在互谅互让的基础上达成协议，以解决纠纷的活动。人民调解作为我国法治建设中一项独特的制度，其对农村社会纠纷的解决起到了极其重要的作用。

随着我国法制现代化进程的加快以及社会转型进程的加快，民间调解制度受到了极大冲击。传统的民间调解制度所追求的是一种"无讼"的境界，其实施的时候依靠的是调解者本身的威望和权威，第三方本身的威望成为纠纷能否解决的重要因素。在目前的农村社会中，很多纠纷都依赖于村中有权威的第三方来调解，其自身的主观意向影响着纠纷的是非曲直，这种现象已经严重干扰了现代民间调解制度在纠纷解决中的作用。传统调解制度"无讼、耻讼"的价值取向与现代调解制度的要求不相符合。在社会转型过程中，传统的村庄共同体开始解体或者已经解体，原有的礼治秩序和民间权威被打破，族长、老人或者长者，由于不具备现代经济、法律的知识，不能适应时代发展，而丧失了其原先所具有的权威性。很多农村中的青年外出读书或者打工，他们接受了现代都市社会的教育，农村传统的风俗习惯、权威在其心中的位置已经大打折扣。随着农村群众的法律意识不断增强，传统的风俗习惯已经逐渐被现代的规范所取代。村民对纠纷解决的权威性要求很高，民间调解缺少信得过的第三方权威，其功能也自然弱化。这些都使得民间调解的作用大打折扣。

（二）行政解决方式

行政解决方式主要包括行政调解和行政裁决两种纠纷解决方式。行政调解是指具有调解纠纷职能的行政机关在当事人自愿的基础上，依据法律、法规、规章、政策、社会公德等，通过说服教育，促使当事人互谅互让、达成协议以消除纷争的一种调解制度。行政调解具有专业性、权威性，纠纷解决主体的广泛性、综合性的优势。中国民间对行政机关的调解仍十分看重，在出现纠纷时，当事人的第一反应往往就是找政府，通过行政机关对农村纠纷进行调解，其结果在心理上更容易让纠纷当事人信服和接受。行政裁决是指行政机关或法定授权的组织，依照法律授权，对平等主体之间发生的、与行政管理活动密切相关的、特定的民事纠纷进行审查，并作出裁决的具体行政行为。行政裁决在农村中往往被用来解决相关的土地承包纠纷、房屋拆迁安置补偿纠纷等。

但是农村纠纷行政解决方式也存在一些弊端，阻碍了其在纠纷解决上的作用。首先目前我国行政机关解决农村社会纠纷的体系还没有建立，行政机关在纠纷解决方式的选择上缺乏必要的规范性和约束性，往往都是采取一些概括性的手段，各种手段不明确，适用范围也不明确，相互之间也缺乏彼此的衔接和互补，造成各种方式缺乏合力难以发挥应有的作用；此外，行政机关解决纠纷的实际操作过程中，缺乏相关的法律法规对解决纠纷的方式、步骤、顺序等程序性问题做出详细的规范，这势必会损害行政机关解决纠纷的公正性。

（三）仲裁

仲裁是指纠纷双方在纠纷发生前或者纠纷发生后达成仲裁协议或者仲裁条款，或者根据有关法律规定，将纠纷交给中立的民间组织进行审理，并作出约束纠纷当事人的裁决的一种纠纷处理方式。仲裁是由争议双方当事人自由约定，由其共同选定第三方作出有约束力的裁决，以解决他们之间产生的争议的一种制度安排。面对农村社会中诸如婚姻家庭、债权债务等纠纷，仲裁是没有管辖权的。由于仲裁自身的特征，目前仲裁机构参与处理农村社会的纠纷，主要体现在处理农村土地承包纠纷中。与诉讼相比，采用仲裁方式解决农村土地承包纠纷具有诸如快捷性、灵活性、经济性等特点。但是，由于仲裁自身的特征和不足，制约了仲裁在农村的发展。首先，仲裁宣传的社会覆盖面不够，群众知晓率低，农村中的绝大部分村民对仲裁制度根本不了解。其次，我国仲裁机构少，仲裁力量薄弱，加上仲裁机构的不公开审理，导致仲裁在农村难以推广。最后，仲裁裁决效力不稳。民事诉讼法上规定有不予执行仲裁裁决的程序，仲裁法上规定有撤销裁决程序，两个程序可以先后启动，导致仲裁效力的不稳。

三、公力救济的局限

我国目前公力救济（主要指诉讼程序）具有严格的法律的要求，一审程序、二审程序甚至再审程序都有明确的法律规定。人民法庭对于证据的认定也有一个复杂严格的过程，法庭一般居于中立的地位，除法定情况之外不会主动调查取证。因此证据只能是当事人一方提供，但是由于证据意识不强，很难提供有效的证据。法庭对于事实的认定绝大部分依靠证据，基于这样的情况就难以保障乡村纠纷的顺利解决。除此之外，由于知识和法律素养等原因，乡村法庭的法官有时很难应对复杂的纠纷案件，难以作出合法合理的裁决。不合理的裁决一定会引起纠纷一方的不满，直接影响了司法的权威。即使案件能够顺利解决，最后的裁决若得不到执行，依然会存在社会隐患。

诉讼案件类型也较为狭窄。如前所述，乡村诉讼的类型主要是婚姻、赡养、财产之类的案件，就算是诉诸法庭，和解与调解的结案情况也占了不小的比例，而涉及偷盗死伤之类的刑事案件则相对较少，即便真正发生，也是公安机关经过立案侦查后交给检察院提起公诉。当然，情节轻微的纠纷也有自己和解的情况，这样一来，诉讼方式被边缘化的情况也时有发生。

此外还有诉讼在效率方面的局限。自给自足的乡村，劳作和生意占据了生活的大部分时光，养家糊口和提高生活品质是生活的主线，有了矛盾能够尽快解决最好，谁也不愿意长期拖沓。如果是青壮年都外出打工经营的"留守村"，村中老弱较多，也没多余人力物力消耗在诉讼纠纷上。综合来看，人力和物力，时间和金钱所构成的效率因素，制约着乡村诉讼开展。

四、单一的诉讼纠纷解决方式也存在一定的不足

随着中国法治化的发展，农民法治意识的培养和法律素质逐步提高，诉讼的纠纷解决方式逐渐成为农民维护自身权利的有效手段。诉讼的程序性、公正性、权威性、可执行性也使得农民更加倾向于诉讼手段。但是，诉讼纠纷解决方式也存在一定的问题。首先，诉讼纠纷解决方式存在的问题主要集中体现在诉讼的高成本上。对农民而言，如果打官司，路费、律师费、诉讼费以及误工费等会给农民造成极大的负担。其次，诉讼的机会成本过高。因为诉讼具有程序性，这就是使得诉讼要花费比较大的时间和精力，从而造成当事人不得不放弃其他一些事情，势必会造成其他方面一定的损失。最后，通过诉讼方式解决纠纷的能力有限。现阶段，社会的不断变动和发展导致了法律的滞后和不完善，法院又必须根据法律的明确规定解决纠纷。这就使得一些问题复杂、法律争议较大的纠纷很难通过法院得到解决。此外，农村社会是一个"熟人社会"，人与人之间是基于双方之间的信任来交往的，诉讼会打破这种平衡，引起双方之间关系的紧张，不利于农村社会的稳定。

五、诉讼与非诉讼相衔接的农村纠纷解决方式可以相互补充、扬长避短

虽然农村经济的市场化趋势到目前为止并没有导致社会关系的结构性转变，但是随着农村法律知识的增多，法律意识的提高，农村已初步具备了法治实践的社会基础，农村社会关系已经开始向契约化的方向发展，这会有利于诉讼纠纷解决方式在农村的发展。我们在处理农村社会矛盾纠纷时将诉讼与非诉讼的纠纷解决方式结合起来，根据情况确定方式，能够更好地发挥定纷止争的作用。

（一）非诉讼纠纷解决方式更符合中国传统的法律文化精神和农村社会情况

中国传统法律文化的"和谐"精神与"无讼"理想是中国传统法律文化

的重要内容。在更多地保持着传统色彩的农村，非讼传统仍然保持着强大的生命力。

在农村这样一个熟人社会，一个村里的人或多或少具有一定的亲戚关系，这种情况下人际关系的维持和修复具有重要意义。农村纠纷的解决需要通过一种温和的方式去处理，需要事后对纠纷主体间的关系做到尽可能修复，需要对整个农村和谐的不良影响降到最低，采用非讼方式，当事人平等、直接表达自己的看法与要求，在心理上，当事人感觉自己受到了尊重；在解决结果上，当事人对自己充分参与后，得出的结果更容易接受。这样就有利于当事人之间的社会关系的挽回和修复，消除当初对立情绪。

从经济性上看，非诉讼方式更适合解决农村纠纷。相比之下，非讼方式的采用要便捷，可即时、方便自行或通过第三方直接主持解决，具有时空的便捷性。并且，协商选择时间、地点甚至最终的解决结果，整个过程是低成本的。从经济上讲，非讼方式更适合农村的需要。

（二）诉讼解决方式在农村地区尚有很大发展空间

随着市场经济的大发展，农村社会的形态开始由封闭社会转向开放社会，传统的熟人社会正逐渐发生改变，向陌生人社会过渡。社会转型期，中国的农村社会要从整体上由熟人社会转向陌生人社会，农村社会对法律的需求将会逐渐增大。

随着农村社会的发展，竞争意识的强化，村民之间的关系逐渐利益化，随着利益冲突的加剧，村民开始更加注重维护自己的利益，厌讼、以讼为耻、息讼等观念逐渐转变，村民开始用法律捍卫自己的权益。当发生纠纷的时候，村民都愿意选择诉讼方式，这种纠纷解决方式也更加容易得到纠纷双方当事人的认可，村民对诉讼纠纷解决方式的公信力也越来越尊重和期待。随着村民经济收入水平的大幅度提高，发生纠纷时，村民开始选择诉讼纠纷解决方式，以前基于诉讼成本的考虑而放弃通过法律手段来解决的现象正逐渐减少。伴随着国家法制在农村的发展，非诉讼纠纷解决方式在农村的生存空间正逐渐被法律等诉讼纠纷解决方式所挤压，诉讼解决纠纷也越来越多得到了认可。

第二节　农村多元纠纷解决机制的原则

一、立足于时代与国情乡情

中华文明源远流长，从未间断，我们应该追根溯源地寻找目前乡村纠纷现象产生的根本原因和其产生的历史背景，因此借鉴古人对于解决乡村纠纷的经验和智慧，对于解决我们目前乡村存在的问题也是大有好处的。在研究如何破解乡村纠纷解决的难题时，自然也就和历史传统的解决乡村纠纷制度有着千丝万缕的联系，发掘古人解决乡村纠纷的智慧与经验来解决现代乡村社会纠纷的顽疾。

根据法律社会学的研究表明：当矛盾发生时，避免纠纷的发生是人们首先的措施，若回避不了，通常也会通过协商与和解等方式解决。只有当以上这些手段都难以实现或无法解决时，才会启动诉讼作为最后的手段。这是一种极为适合中国本土特色的解决纠纷的方式，但是随着社会的发展固有的解决纠纷的方式发生了重要变化，这也是一个不得不考虑的问题。

时代在发展、社会在进步，乡村社会纠纷也变得更加错综复杂，如果仅仅依靠官方的诉讼程序难以应对日益增长的纠纷。政府及有关部门应该主导建设多元化的纠纷解决方式，从而达到节约司法成本与社会资源的目的。日益增长的乡村纠纷给乡村法庭带来了更大的办案压力，因此探索与建立多元化的解决纠纷机制势在必行。改革开放不断深化、乡村城镇化转型，造成单一化的纠纷解决机制已经不能满足多层次社会成员的需求。产生纠纷的双方当事人既可以选择诉讼作为官方的纠纷解决机制，又可以选择其他非官方纠纷机制，以此来应对市场经济对乡村经济的冲击，以及乡村人口的不断流动所带来的社会结构的转型。同时也为乡村的人民群众选择自己所需要解决纠纷的方式提供了制度保障。

乡村的纠纷都是一些小事，但是如果稍有处理不当就会出大问题。乡村纠纷的特点就决定了乡村纠纷解决机制的方式，一定要紧紧依靠乡村的实际情况，利用当地的风俗习惯、人情世故，灵活地适用相关的法律法规。

二、坚持德治与法治相结合

在我们悠久的历史长河中，古人推崇以德治国，他们主张用道德来治理社会；也有一部分古人学者主张全面依法治国，他们主张依靠严格的法律治理国家。这两种主张都有其可以借鉴采取的部分，无论过分地依靠法律还是依靠道德都是行不通的。全面依法治国与以德治国二者相辅相成，才能有效治理现阶段的社会。我们对于本土特色的传统美德、高尚的道德、家庭美德、个人修养，应该大力地宣传，充分发挥道德对于社会的引导作用。道德主要通过调整人们内心世界，在内心深处树立正确的世界观与价值观，从而发挥内在影响外在的一种社会效果。法律主要是调整我们外在的行为，如果违反相关的法律法规就应该受到一定的惩罚。在我国的历史长河中德治与法治相结合所产生的文化影响非常深远。只有充分继承与发展我国优秀的传统文化，将德治与法治完美结合，才能有效解决乡村纠纷。

（一）德治的传统

孔子坚持以德治理社会，认为"礼乐崩坏，天下无道"。孔子认为"礼"是维护社会秩序的重要基础。同时认为"礼"的崩塌是导致周王朝覆灭的主要原因之一，要实现社会秩序的稳定在当时的社会条件下还是需要"为政以德"。孔子将"德治"的功效发挥到了极致，坚持用"礼"来教育人民要成为道德高尚的人，自觉地遵守社会的秩序，把维护社会秩序的安定作为内心的信仰。在通过"礼"对人民的统治之下达到国家安定富强的政治目标，绝不应该实施严厉的法律、残酷的刑罚，应该用礼乐去提高人民内心的善，以实现自觉遵守社会的秩序。坚持"德治"作为儒家的政治主张，这种政治主张在秦始皇时期遭到重大的打击，但是到了汉朝达到了辉煌时期，同时对中华文明的发展产生了巨大的影响。在漫长的封建社会里，坚持"德主刑辅"治国理政的基本原则成为统治阶级的首选。孔子要求作为统治阶级的统治者首先要加强自身的道德水平，积极地实施仁政来让老百姓感受到圣君的"德政"，人民就会自愿遵守社会秩序。

（二）法治的传统

近年来全面依法治国的观念深入人心，同时法治也具有深远的历史渊源。早在春秋战国时期法治与德治之争便开始了，两者的政治观点在相互碰撞中发展。全面依法治国严刑峻法使得秦帝国废除分封推行郡县，建立了强大的君主专制国家。秦帝国作为我国第一个封建王朝，采用"百县之治一形，则从；迁者不饰，代者不敢更其制，过而废者不能匿其举。"商鞅的这一政治举措，直接结束了分封的政治状态，开创了郡县制的新的政治体制。防止地方诸侯割据影响到中央统一的地位，地方行政长官由皇帝直接任命，有利于建立统一集权的中央集权政体。韩非曰："事在四方，要在中央，圣人执要，四方来效。"韩非这一政治主张可以说又完善了中央集权的政治理论。

（三）德治与法治的融合

在春秋战国时期，便有了德治与法治之争。然而经过几千年的不断发展，我们可以在历史中总结经验发现规律，德治与法治二者是不可偏废的，只有二者的相互融合才是社会稳定繁荣的有效手段。法律与道德有着其各自的优势，但是我们也应该清醒地认识到二者存在的不足。法律作为社会的上层建筑集中体现了统治阶级的意志，并且依靠国家公权力对于违反法律的社会成员给予严厉的制裁，以达到维护社会稳定的目的。国家以军队、警察、监狱作为运转国家机器的手段，是打击社会敌对势力与违法犯罪分子强有力的手段。所谓的"法治"就是在现行的法律法规的范畴下处理社会纠纷，并且约束人民的外在行为使其遵守社会秩序。治理国家都是按照相关的法律法规进行，而不是考虑其他不合理的因素，这也是实现国家治理体系与治理能力的必然要求。总体来讲，法律对于社会秩序的稳定、保障国家长治久安、人民生活幸福安康具有非常重大的意义，这同时也是现代化国家成熟的标志之一。然而道德有别于法律，道德是调整人们内心的手段，而法律仅仅是约束人们的外在行为。二者的区别就表明道德一定不是依靠外在的强制力，而是发挥每个个体的主观能动性去遵守社会秩序，道德宣传教育使人自觉向善。在通过对人们道德的教育启迪后，人们会受到道德情感的启迪更好地形成"是非之心"。我们应该积极地发掘社会舆论的力量，可以在无形的过程中改变社会的不良风气、塑造良好的道德风尚，一旦社会舆论同内心信念相结合就能发挥更大的作用。总的来讲，德治与法治是相辅相成、互相促进的辩证的关系，二者不可偏废，在借鉴古人经验智慧的基础上，再结合目前社会的实际情况一定会取得良好的社会效果。

我们应该借鉴德治与法治的有用的经验，但是中国古代的德治与法治与我们新时代的德治与法治有着根本的不同。无论是在政治制度、经济基础方面有不同，还是在社会意识形态、群众观念等方面都存在差异。所以，我们目前探析古代的德治与法治主要是去其糟粕，汲取精华，为今天的社会治理吸收有益经验。

三、坚持制度与文化融合

传统中国乡村有家法族规和乡约等丰厚的"软法"资源，而且擅长运用调解、协商等柔性手段解决纠纷，这些都值得继承和发扬，以发挥"软法之治"的作用。因此完善乡村多元纠纷解决机制，应坚持制度与文化融合的原则。

（一）发扬优秀传统文化对纠纷解决的作用

村民在遇到纠纷时往往不会选择到法院打官司，这与一直传承下来的传统法律文化中的"无讼""和合"等观念有关。传统法律文化中的"无讼""和合"等观念对于解决转型期社会矛盾的多发问题，具有一定的积极意义。中国传统文化中本身具备的"和为贵"和注重调解的资源，都使得多元化纠纷解决机制的建立具有了更加深厚的文化基础和群众基础。如果说无讼是中国古代政治与法律建设的价值取向，那么，调和则是实现息讼、无讼的重要手段之一。这在中国古代是由来已久的，不仅积累了丰富的经验，而且形成了套的体系。因此，我们在建设法治国家的进程中，一方面要加强对民众尤其是广大农民的普法教育，提升他们的权利意识和法律意识，另一方面又要防止出现那种"锱铢必较"的滥讼心理和行为。最为重要的是，要通过在乡村社会树立正确的价值观，对农民进行适当的引导，促使他们理性地面对与他人发生的纠纷，营造和谐的社会氛围。

（二）情感、道德、法律合理性的结合

其实，无论是在乡土社会还是在城市阶层，都伴随着情感、道德、法律的共同作用。三者都是在不可避免地存在着，情感是全社会的认知，道德是全社会的向往，法律是全社会的准则，三者相辅相成铸成了社会共同行为方式和理念。城镇当中，大家法律意识较强，法律宣传到位，其合理性比较凸显；道德存在于各个阶层各个地域，虽然有一定区别，但确实作为一种无形的约束纽带，具有合理性；情感在乡村尤为重要，村民之间日益相处的情感基础决定了情感是一个不可或缺的纠纷解决方式，在这里合理性比较明显。于是，我们如果能够寻求一种联系情感、道德和法律共性的合理，并且结合运用，那么不光在乡村，在城镇里也是能够适用的，而且效果会非常显著。

四、注重制度和机构间的协调与配合

乡村纠纷解决机制的完善直接决定着乡村振兴战略的顺利实现，因此解决乡村纠纷的问题不能轻视。根据本地这些年纠纷解决的统计资料来看，复杂的乡村纠纷能够较好地解决，多是由乡村两级以及上级有关公安、司法等有关部门相互配合的结果。解决乡村纠纷的大量工作在乡村基层，基层的调解组织和调解工作是解决纠纷的基础，且往往能收到明显的效果，但由于纠纷源于多个层面，探索乡村纠纷多元化的纠纷机制刻不容缓。

首先，发挥基层政府与基层法院对乡村纠纷的指导作用。指导固然重要，但在根本上还是需要农民的内在自觉，这是一个从自发到自觉的转化问题。其次，建立和完善县级纠纷解决工作机构，充分发挥机构的作用。机构建设固然重要，但农民自身的自主性才是根本。不要总是把希望寄托在某个机构建设当中，那并不能改变事物的本性。再次，在乡村纠纷中确实存在着一些"村霸"欺压村民的现象，加强公安机关与司法机关的联合执法，严厉打击"村霸""街霸"等黑恶势力，切实维护乡村社会的稳定。但这应该是个后备的力量，让农民有自己的解纷空间才是重要的。最后，强化乡村法制宣传工作，提高农民的法律意识和法治观念，自觉守法、护法，使其自觉运用法律武器保护自身的合法权益，从而有效防止各种土地矛盾纠纷的发生。意识具有内在性，需要认真培育观念深处的意识结构。此外，还应坚持标本兼治，防治结合。

第三节　农村多元纠纷解决机制的构建

一、尊重民间纠纷解决的成效

乡村社会面对纠纷也有自我消化、自我解决的能力，村民们面对纠纷有时第一反应还是以沟通交流为主。大多情况也是在"都是同村人"与"抬头不见低头见"的乡土情怀之下，通过纠纷双方协调、各退一步最终互相妥协。这样的情况在乡村社会所占的比重并不小，是最节约时间、金钱的有效方式之一，避免了浪费大量的司法资源。乡村纠纷双方自己通过坦诚协商、化解纠纷，通过发挥乡村当事人的主观能动性，实现省时省力最佳地解决社会冲突的效果。但是一个事物往往具有两个方面，在看到乡村私力救济功效的同时也应该看到其弊端，因此加大对乡村社会普法宣传的力度，使解决纠纷的私力救济建立在符合法律规范规定的基础之上，使自决与和解这两种私力救济不仅仅是依靠权益的放弃和让步来解决纠纷。完善乡村社会私力纠纷机制，发挥其积极的功效也是解决乡村纠纷的有效手段之一。

村民发生矛盾纠纷时，大家寻求解决纠纷的主体存在差异，这就突出了构造多元化解纷主体的重要性。多元化解纷主体可以包括：村干部、贤人、能人以及知识群体。其中村干部当然不可或缺，作为村里的领导人员，村干部一定要一碗水端平，不偏不倚，秉持公正，只有这样，村民百姓才会信服他们，久而久之，村干部就会起到很好的解决村民纠纷的作用。所谓贤人即德高望重的人，这些人在村里有着无可替代的作用，大家尊重他们，发生纠纷了会很容易想到通过他们出面解决，自然也会相信他们的处理结果，同时能够有效地缓解彼此的矛盾。能人顾名思义，即有相当能力的人，是大家普遍公认的，属于乡土社会中的权威，相信这样的人在处理纠纷时也会很好地予以解决。最后就是知识群体，这是一群具备一定文化知识尤其是法律知识的群体，如大学生村官，他们在处理纠纷时有着自己的优势，能够从法律层面寻求依据，在给村民解决纠纷的同时也能给大家传递一些法律知识。这样多元化的解纷主体能够给大家提供更多选择，有利于纠纷更妥善解决。

二、提高审判、调解人员的业务素质

人民调解制度作为我国本土特色的纠纷解决机制具有天然的优越性。充分发挥基层人民调解委员会的优越性来解决乡村社会村民之间的矛盾，这是在符合我国国情的基础之上所探索出来的解决纠纷机制。当乡村纠纷发生之后，经过调解委员调解在很大程度上可以直接解决问题，人民调解的作用是比较大的。

在人民调解制度中人民调解员的重要性不言而喻，培养高素质的人民调解员是目前较为紧迫的任务。因为人民调解员处于解决乡村纠纷的第一现场，因此必须具备更高的法治素养和丰富的经验，否则很难处理复杂的乡村纠纷。培养高素质的各类法律人才进入人民调解机制，吸收乡村社会品德高尚、经验丰富的乡村精英进入人民调解员队伍，对于解决乡村的纠纷有非常大的优势。乡村纠纷在一定程度上还得需要按照乡村社会的实际情况来解决，当地的乡村精英可以发挥更大的作用。提高乡村调解人员的法治素养以及调解纠纷的能力，才有助于乡村纠纷的解决。

目前，村中的人民调解委员会大多比较形式化。虽然存在着，但并没有真正发挥人民调解委员会的作用，很多村民百姓在发生纠纷时并没有感受到人民调解委员会给大家带来的帮助，导致很多矛盾纠纷不能及时得到解决，影响了和谐乡村的发展。人民调解委员会的运行机制还存在很多问题，因此，进一步完善人民调解委员会的运行机制刻不容缓。当然这离不开政府的支持和引导，政府应该为人民调解委员会的有效运行提供便利，并且进行必要的监管，督促相关人员履行责任，切实为村民百姓进行调解，解决纠纷，确保人民调解委员会落到实处。

另外，还应通过县级政府主导，协调法院、司法行政机关同专业法律教育机构共同合作，组织各种形式的专业培训课程。一是将不同解纷方式的法律规范、法律知识向相关的工作人员普及到位。二是将实践工作中积累的优势经验与技巧，通过集中开展训练的方式，或者组织优秀的解纷人员下乡通过宣讲、针对性辅导等，切实地让乡村解纷人员掌握到驾驭纠纷解决的能力。在乡村环境当中，更多的村民所依赖的是干部和"能人"，德高望重的人所说的话和所做的事，在乡村环境当中有时候比法律贯彻得更到位。这种带有民间风情和乡土气息的人民内部纠纷解决机制是首先值得我们去推广的，因为他们是承上启下的环节，如果他们工作人员的法律素养能够提高，再结合他们对乡村环境的了解，那么法理法情与乡情的共同运用，将使乡村纠纷解决更加完善和出色。

三、建立健全诉讼程序与非诉程序的有效衔接

由于目前我们国家没有把诉讼程序与非诉程序进行有效的衔接，因此产生了一系列的问题。在众多解决纠纷的机制中，乡村基层法院和乡村法庭的裁决是依靠国家强制力保证施行，在当事人不自觉执行时还需要申请强制执行。但是我们也应该看到非诉解决机制带来的功效，调解、和解、自决等非诉解决机制在乡村社会所拥有的功能与优势。所以，在乡村社会建立多元的非诉讼纠纷解决机制也是化解纠纷的有效途径，乡村法庭的诉讼机制与乡村的非诉讼机制二者有效的衔接可以使乡村纠纷问题顺利解决。乡村法庭对于标的较小、没有争议、事实清楚的案件可以指导纠纷双方当事人采取非诉讼的纠纷解决机制，同时调解组织对于无法调解的案件直接指导纠纷双方的当事人进入诉讼程序。

四、开展乡村法律援助

开展乡村法律援助对于乡村弱势群体来讲是维护其合法权益的有效手段，有利于保护村民的人权，促进乡村社会公平正义。通过乡村法律援助制度可以让弱势群体得到实现其合法诉求的途径，同时可以有效减少涉诉上访案件，避免矛盾的升级与乡村社会的动荡。开展乡村法律援助有利于乡村振兴战略的顺利实现，提升社会主义新乡村的法治水平。因此，构建以乡村法庭为主导，社会团体、政府部门、政法院校共同参与的乡村法律援助机制，可以保障广大农民享有与普通公民同等的法律救济权利。从而有利于真正实现保障司法公正和司法人权的目标。

五、完善法律宣传和志愿者服务

由于目前广大乡村地区的村民法律意识仍然不高、法律常识严重缺乏的现状，基层人民法院应加强组织弘扬社会主义法治精神，通过法律宣传活动

提高村民的法律意识，开展各种形式的普法活动，与村民的实际困难以及实际需要紧密结合起来，真正维护弱势群体的合法权益。建立新闻媒体宣传法律的长效机制，打造特色的普法栏目，真正为广大的人民群众答疑解惑。政府部门对于法律宣传应提供必要的活动经费，以此达到有效宣传的目的。在乡村社会可以建设乡村电影院定时组织村民观看法治电影、建立乡村法律书屋、开展各种形式的法治讲座等活动提高村民法律意识。依托基层人民法院与乡村法庭、律师、大学生"村官"、基层文化宣传员、乡村工作指导员以及农业、科技、工商等行业队伍，帮助乡村农民增强法律意识，切实维护自身合法权益。

同时可组织在校法科学生，利用假期和社会实践机会，深入乡村，为村民进行法律知识普及，为村民提供与法律有关的志愿者服务。

第六章

乡村振兴背景下的农村法治建设

第一节　村务法治建设

一、村委会委员选举

乡村振兴的基础在乡村有效治理，乡村治理有效的基础体现在村委会组织的合法建立和有效运转。

为此，中共中央和国务院办公厅曾多次下发文件，一再强调：规范村民委员会成员候选人提名方式。村民委员会主任、副主任和委员候选人由本村有选举权的村民直接提名产生，候选人的名额应当多于应选名额。在符合法律法规规定的前提下，各地要对村民委员会成员候选人的资格条件作出规定，引导村民把办事公道、廉洁奉公、遵纪守法、热心为村民服务的人提名为候选人。鼓励农村致富能手、复员军人、外出务工经商返乡农民、回乡大中专毕业生、大学生"村官"、县乡机关和企事业单位提前离岗或退休干部职工通过法定程序积极参与选举村民委员会成员的竞争。提倡村党组织成员和村民委员会成员交叉任职，但要从实际出发，不搞一刀切。适应中国特色社会主义新农村建设需要，提倡把更多女性村民特别是村妇代会主任提名为村民委员会成员候选人。

根据《中华人民共和国村民委员会选举法》和《中华人民共和国村民委员会组织法》的相关规定，可知村民委员会是村民自我管理、自我教育、自我服务的基层群众性自治组织，实行民主选举、民主决策、民主管理、民主监督。村民委员会主任、副主任和委员，由村民直接选举产生。任何组织或者个人不得指定、委派或者撤换村民委员会成员。村民委员会每届任期三年，届满应当及时举行换届选举。村民委员会成员可以连选连任。村民委员会的选举，由村民选举委员会主持。村民选举委员会由主任和委员组成，由村民会议、村民代表会议或者各村民小组会议推选产生。村民选举委员会成员被提名为村民委员会成员候选人，应当退出村民选举委员会。村民选举委员会成员退出村民选举委员会或者因其他原因出缺的，按照原推选结果依次递补，也可以另行推选。

二、村委会委员选举中的投票

按照《中华人民共和国村民委员会组织法》规定：登记参加选举的村民，选举期间外出不能参加投票的，可以书面委托本村有选举权的近亲属代为投票。村民选举委员会应当公布委托人和受委托人的名单。

三、成为选民必须满足的条件

村民选举权和被选举权是村民的重要政治权利，是基层民主政治建设的重要基础，也是依法治国和依法治村的重要体现。对于村委会选举来说，村民的选举权和被选举权也属于法定政治权利之一，依照法律程序不得被剥夺。村民委员会选举前，应当对下列人员进行登记，列入参加选举的村民名单：①户籍在本村并且在本村居住的村民；②户籍在本村，不在本村居住，本人表示参加选举的村民；③户籍不在本村，在本村居住一年以上，本人申请参加选举，并且经村民会议或者村民代表会议同意参加选举的公民。已在户籍所在村或者居住村登记参加选举的村民，不得再参加其他地方村民委员会的选举。

四、选民登记程序

一方面，村委会要按照中共中央办公厅、国务院办公厅《关于进一步做好村民委员会换届选举工作的通知》中：要做好选民登记工作，不能错登、重登、漏登，保证村民的选举权。另一方面，要认真研究城镇化、户籍制度改革、人口流动等给选民登记工作带来的新情况、新问题，保证广大村民群众都能依法行使自己的选举权利。有选举权和被选举权的村民名单，应当在选举日的二十日之前张榜公布，接受群众的监督。

具体来说，选民登记开始前，村选委会应发布公告，公布本届村委会选举的选举日和选民登记日，明确选民登记的起止时间和登记办法。公告要集中张贴在本村显眼的位置，以便村民知晓并互相转告。接下来，村委会要在本村具有选民资格的村民中，挑选一些有文化、办事认真、熟悉本村情况的人担任选民登记员，分片处理本村的选民登记。选民登记员要认真学习法律、法规有关选民登记的规定和上级有关文件精神，对本村选民进行登记造册。在工作中对于本届选举期间已经死亡或依法被剥夺政治权利的村民，应当从选民名单上除名。对新满 18 周岁的、户口新迁入本村享有选举权和被选举权的、被剥夺政治权利期满后恢复政治权利的村民，应当予以补充登记。选民登记员可按照当地统一制式将具有本村选民资格的村民按顺序号登记造册。

五、谁能参加选举

按照《中华人民共和国村民委员会组织法》规定，年满 18 周岁的村民，不分民族、种族、性别、职业、家庭出身、信仰、教育程度、财产状况、居住期限，都有选举权和被选举权；依照法律被剥夺政治权利的人除外。但是任何权利的行使，除了具有选举权权利能力之外，还要具备选举权权利行为能力。从现有的情形来说，普通人难以真正对其智力状况和精神状况进行科学鉴别，只能经过合法医疗机构和鉴定部门依法作出鉴定之后，方能进行确定。一般来说，患有精神病，经医院证明和其他合法监护人确认不能行使选举权利的人，以及无法正常表达意志的具有严重智力障碍的人，是不具备选举行为能力的。在这种情况下，可以通过其代理人来行使选举权。

六、提名候选人

基层民主政治在实践之中能否获得优良绩效，就在于能否通过民主选举把优秀的人给选出来，实现民主政治上的"优胜劣汰"。依照我国法律规定，村民提名候选人，应当从全体村民利益出发，推荐奉公守法、品行良好、公道正派、热心公益、具有一定文化水平和工作能力的村民为候选人。候选人的名额应当多于应选名额。村民选举委员会应当组织候选人与村民见面，由候选人介绍履行职责的设想，回答村民提出的问题。一旦被提名，还需要由选委会征求本人意见，如果后来反悔不接受提名，那么应当在选举日的五日前向选委会提出书面意见。由此造成候选人名额不足的，在原被提名人中按得票多少顺序依次递补。

七、罢免村"两委"成员

村委会主任同时担任村党支部书记，符合相关规定和要求，也是客观存在的现实。但是，村支书也要通过选举才能担任村委会主任一职。按照中共中央组织部、民政部《关于认真做好村党组织和村民委员会换届工作的通知》指出，要提倡村党组织书记通过选举担任村民委员会主任，鼓励村"两委"班子成员交叉任职，但要坚持从实际出发，不搞一刀切。要本着精干、高效的原则，确定村"两委"班子成员职数，每个村一般三至七人，具体人数根据村规模大小由各地确定。

村委会委员的罢免和选举一样，都是村民行使自身民主权利的体现，对于选举上来的村委会委员，也可以通过罢免的形式记下来。同时，村委会委员并不是公务员和行政官员，其无法通过撤职、开除等行政方式被处理。《中华人民共和国村民委员会组织法》规定，本村五分之一以上有选举权的村民或者三分之一以上的村民代表联名，可以提出罢免村民委员会成员的要求，并说明要求罢免的理由。被提出罢免的村民委员会成员有权提出申辩意见。罢免村民委员会成员，须有登记参加选举的村民过半数投票，并须经投票的村民过半数通过。村民委员会成员丧失行为能力或者被判处刑罚的，其职务自行终止。村民委员会成员出缺，可以由村民会议或者村民代表会议进行补选。

八、对破坏村民委员会选举行为的处理

各地要结合实际，认真研究制定有关村级组织换届选举工作的具体方案、意见、规则，严格选举程序和相关制度，明确"贿选"界限，规范竞选行为，

加强组织指导和监督，保证选举的公开、公正、公平。要依纪依法查处村级组织换届选举中的"贿选"和其他违纪违法行为。对参与或指使他人以暴力、威胁、欺骗、贿赂、伪造选票等违法手段破坏选举或者妨碍选民依法行使选举权和被选举权的，以及对控告、检举选举违法行为的人进行打击、报复的，要发现一起坚决查处一起。对涉嫌违法犯罪的，移送司法机关处理。对以"贿选"等手段当选的村"两委"成员，一经发现即取消其当选资格。各级纪检（监察）机关和组织、民政、司法部门要在党委、政府的领导下，加强协调，密切配合，切实加强工作指导和监督检查，及时制止和纠正村级组织换届选举中的违纪违法行为。要努力形成党委、政府领导，人大监督，各有关方面密切配合，齐抓共管的工作格局，切实解决村级组织换届选举中的"贿选"问题，为推动村级组织换届选举工作顺利进行提供有力保证。

依照《中华人民共和国村民委员会组织法》的规定，对以暴力、威胁、欺骗、贿赂、伪造选票、虚报选举票数等不正当手段，妨害村民行使选举权、被选举权，破坏村民委员会选举的行为，村民有权向乡、民族乡、镇的人民代表大会和人民政府或者县级人民代表大会常务委员会和人民政府及其有关主管部门举报，由乡级或者县级人民政府负责调查并依法处理。要根据情节轻重分别给予查处：情节较轻的，由乡（镇）人民政府或县（市、区）民政部门进行批评教育；构成违反治安管理行为的，由公安机关依法处理；构成犯罪的，由司法机关依法追究刑事责任。

九、换届选举结束后的交接

村民委员会换届工作结束后，原村民委员会应将公章、办公场所、办公用具、集体财务账目、固定资产、工作档案、债权债务及其他遗留问题等，及时移交给新一届村民委员会。移交工作由乡级人民政府负责主持。对拒绝移交或无故拖延移交的，村党组织、乡级党委和政府应给予批评教育，督促其加以改正。移交过程中发现有重大问题的，村干部和村民可以向乡级人民政府或者纪检监察机关、人民法院、人民检察院等有关机关反映，受理单位应及时依法处理。

第二节　农业生产资料的法治建设

一、兽药产业的发展与依法生产兽药

兽药，是指用于预防、治疗、诊断动物疾病或者有目的地调节动物生理机能的物质（含药物饲料添加剂），主要包括：血清制品、疫苗、诊断制品、微生态制品、中药材、中成药、化学药品、抗生素、生化药品、放射性药品及外用杀虫剂、消毒剂等。《农业农村部关于促进兽药产业健康发展的指导意见》指出：兽药是预防、治疗和诊断动物疾病的重要物资，是保障养殖业健康稳定发展不可或缺的投入品。促进兽药产业健康发展，提供安全、有效、质量可控的兽药，有利于增强动物疾病防治能力，提高养殖业生产效率和质量安全水平，促进农民增收。促进兽药产业健康发展，加强兽药生产、经营和使用全程监管，推广使用安全、有效、低毒、低残留兽药是管理兽药残留相关动物源性食品安全风险的有效手段，有利于保障人民群众"舌尖上的安全"。

在法治中国建设时期，兽药的生产经营，必须纳入法治轨道，依法进行治理，方能体现出农业现代化治理体系与治理能力的提升。

《兽药管理条例》第二条：在中华人民共和国境内从事兽药的研制、生产、经营、进出口、使用和监督管理，应当遵守本条例。

第十二条：兽药生产许可证应当载明生产范围、生产地点、有效期和法定代表人姓名、住址等事项。

兽药生产许可证有效期为 5 年。有效期届满，需要继续生产兽药的，应当在许可证有效期届满前 6 个月到发证机关申请换发兽药生产许可证。

第五十六条：违反本条例规定，无兽药生产许可证、兽药经营许可证生产、经营兽药的，或者虽有兽药生产许可证、兽药经营许可证，生产、经营假、劣兽药的，或者兽药经营企业经营人用药品的，责令其停止生产、经营，没收用于违法生产的原料、辅料、包装材料及生产、经营的兽药和违法所得，并处违法生产、经营的兽药（包括已出售的和未出售的兽药，下同）货值金额 2 倍以上 5 倍以下罚款，货值金额无法查证核实的，处 10 万元以上 20 万元以下罚款；无兽药生产许可证生产兽药，情节严重的，没收其生产设备；生产、经营假、劣兽药，情节严重的，吊销兽药生产许可证、兽药经营许可证；构成犯罪的，依法追究刑事责任；给他人造成损失的，依法承担赔偿责任。生产、经营企业的主要负责人和直接负责的主管人员终身不得从事兽药的生产、经营活动。

擅自生产强制免疫所需兽用生物制品的，按照无兽药生产许可证生产兽药处罚。

二、兽药产业的发展与依法经营兽药

没有中国兽药产业的发展，也就没有中国现代养殖业的今天。中国现代养殖业的集约化生产模式，离不开兽药的使用。兽药分为处方用药和非处方用药。农业食品安全的趋势是要倡导减少饲料添加用药，毕竟兽药可能带来药物残留等危害。有休药期规定的兽药用于食用动物时，饲养者应当向购买者或者屠宰者提供准确、真实的用药记录。购买者或者屠宰者应当确保动物及其产品在用药期、休药期内不被用于食品消费。休药期（停药期）指畜禽最后一次用药到该畜禽许可屠宰或其产品（乳、蛋）许可上市的间隔时间。

兽药的休药期是为了减少或避免供人食用的动物组织或产品中残留药物超量，保证人在食用了其组织或产品后不会危害人们的身体健康。兽药残留指食用动物用药后，动物产品的任何食用部分中与所有药物有关的物质的残留，包括原型药物和其代谢物。

三、农药产业发展与假农药治理

农药，是指用于预防、控制危害农业、林业的病、虫、草、鼠和其他有害生物以及有目的地调节植物、昆虫生长的化学合成或者来源于生物、其他天然物质的一种物质或者几种物质的混合物及其制剂。农药是重要的农业生产资料和救灾物资，对防治农业有害生物，保障农业丰收，提高农产品质量，确保粮食安全，以及控制卫生、工业等相关领域的有害生物起着不可或缺的作用。经过半个多世纪的发展，我国农药的生产能力和产量已经处于世界前列，不仅能够满足国内农业和相关领域的需求，而且成为全球重要的农药生产和出口国。

根据《农药管理条例》的规定，假农药有三种情况：①以非农药冒充农药（指的是以别的物质冒充农药，产品中经检测根本不含有农药的有效成分）；②以此种农药冒充他种农药（指的是产品中的农药成分与标签标示的完全不同）；③农药所含有效成分种类与农药的标签、说明书标注的有效成分不符（指的是产品中的农药成分与标签标示的不完全相同）。以及禁用的农药，未依法取得农药登记证而生产、进口的农药，以及未附具标签的农药，按照假农药处理。

未取得农药生产许可证生产农药或者生产假农药的，由县级以上地方人民政府农业主管部门责令停止生产，没收违法所得、违法生产的产品和用于违法生产的工具、设备、原材料等，违法生产的产品货值金额不足 1 万元的，并处 5 万元以上 10 万元以下罚款，货值金额 1 万元以上的，并处货值金额 10 倍以上 20 倍以下罚款，由发证机关吊销农药生产许可证和相应的农药登记证；构成犯罪的，依法追究刑事责任。

四、农药使用量零增长与农药产业依法有序健康发展

国家《农业产业政策》明确指出：在农药工业快速发展中，存在重复建设严重、产能过剩、行业结构性矛盾突出、经营秩序混乱等问题，影响了农药工业的可持续发展。因此要全面权衡国内外需求、经济效益与社会、资源、环境等关系，坚持适时、适度、有序发展的原则，遏制追求局部利益、忽视资源消耗、造成环境污染的盲目扩张和重复建设行为，严格控制农药生产总规模，将农药工业的发展模式由量的扩张转向质的提高。

只是我们需要注意到，一方面，国家严格控制农药生产总规模；另一方面，国家的政策虽然约束了守法生产经营者，但如不能制约违法经营者，听任违法者随意扰乱市场秩序，那么损害的将是守法者的合法权益以及中国农药市场长久健康发展的愿景。

根据《农药管理条例》的规定：未取得农药生产许可证生产农药或者生产假农药的，由县级以上地方人民政府农业主管部门责令停止生产，没收违法所得、违法生产的产品和用于违法生产的工具、设备、原材料等，违法生产的产品货值金额不足 1 万元的，并处 5 万元以上 10 万元以下罚款，货值金

额 1 万元以上的，并处货值金额 10 倍以上 20 倍以下罚款，由发证机关吊销农药生产许可证和相应的农药登记证；构成犯罪的，依法追究刑事责任。取得农药生产许可证的农药生产企业不再符合规定条件继续生产农药的，由县级以上地方人民政府农业主管部门责令限期整改；逾期拒不整改或者整改后仍不符合规定条件的，由发证机关吊销农药生产许可证。农药生产企业生产劣质农药的，由县级以上地方人民政府农业主管部门责令停止生产，没收违法所得、违法生产的产品和用于违法生产的工具、设备、原材料等，违法生产的产品货值金额不足 1 万元的，并处 1 万元以上 5 万元以下罚款，货值金额 1 万元以上的，并处货值金额 5 倍以上 10 倍以下罚款；情节严重的，由发证机关吊销农药生产许可证和相应的农药登记证；构成犯罪的，依法追究刑事责任。

同时，生产假农药的行为还涉嫌构成生产伪劣农药罪，我国刑法在这方面早已做出了规制。《中华人民共和国刑法》规定：生产假农药、假兽药、假化肥，销售明知是假的或者失去使用效能的农药、兽药、化肥、种子，或者生产者、销售者以不合格的农药、兽药、化肥、种子冒充合格的农药、兽药、化肥、种子，使生产遭受较大损失的，处三年以下有期徒刑或者拘役，并处或者单处销售金额百分之五十以上二倍以下罚金；使生产遭受重大损失的，处三年以上七年以下有期徒刑，并处销售金额百分之五十以上二倍以下罚金；使生产遭受特别重大损失的，处七年以上有期徒刑或者无期徒刑，并处销售金额百分之五十以上二倍以下罚金或者没收财产。

五、种子生产许可和经营许可的实质合并与种业依法有序发展

种子，是指农作物和林木的种植材料或者繁殖材料，包括籽粒、果实、根、茎、苗、芽、叶、花等。种子是中国农业发展的生命，好的种子必将播种出中国农业的美好未来。

《种子法》等农作物种业法律规范完善了种子执法体系和执法手段，包括：农业、林业主管部门所属的综合执法机构或受其委托的种子管理机构，可以开展种子执法相关工作；农业、林业主管部门在依法履行监督检查职责时，可以进入生产经营场所进行现场检查，对种子取样测试、试验或者检验，查阅、复制有关材料，可以采取查封、扣押等行政强制措施。

《种子法》实行种子生产许可和经营许可的实质合并。鉴于种子生产普遍存在异地制种情形，生产品种逐年更新，生产品种、地点频繁变更。种子生产经营许可证由种子企业注册所在地农业主管部门按权限核发，其余种子生产地、种子销售地无须重复核发同类型许可证。只申办一个许可证，不仅大幅减少行政许可审批量，也减轻了企业负担。

但是种子生产经营还是需要获得许可证方能进行，当然有下列情形之一的，不需要办理种子生产经营许可证：①农民个人自繁自用常规种子有剩余，在当地集贸市场上出售、串换的；②在种子生产经营许可证载明的有效区域设立分支机构的；③专门经营不再分装的包装种子的；④受具有种子生产经营许可证的企业书面委托生产、代销其种子的。这里所称的农民，是指以家庭联产承包责任制的形式签订农村土地承包合同的农民，这里所称的当地集贸市场，是指农民所在的乡（镇）区域。农民个人出售、串换的种子数量不应超过其家庭联产承包土地的年度用种量。违反规定出售、串换种子的，视为无证生产经营种子。

六、化肥使用量零增长与肥料有序依法生产经营

肥料，是指用于提供、保持或改善植物营养和土壤物理、化学性能以及生物活性，能提高农产品产量，或改善农产品品质，或增强植物抗逆性的有机、无机、微生物及其混合物料。国家鼓励研制、生产和使用安全、高效、经济的肥料产品。肥料是非常重要的农业生产资料，可谓是粮食的"粮食"。没有肥料，粮食生产增产将失去重要的保障，肥料在促进粮食和农业生产发展中起到了不可替代的作用。

按照《肥料登记管理办法》，我国实行肥料产品登记管理制度，未经登记的肥料产品不得进口、生产、销售和使用，不得进行广告宣传。肥料正式登记证有效期为 5 年。肥料正式登记证有效期满，需要继续生产、销售该产品的，应当在有效期满 6 个月前提出续展登记申请，符合条件的经农业农村部批准续展登记。续展有效期为 5 年。经登记的肥料产品，在登记有效期内改变使用范围、商品名称、企业名称的，应申请变更登记；改变成分、剂型的，应重新申请登记。

生产、销售未取得登记证的肥料产品，由县级以上农业行政主管部门给

予警告，并处违法所得 3 倍以下罚款，但最高不得超过 30000 元；没有违法所得的，处 10000 元以下罚款。

第三节 农村集体产权的法治建设

一、完善农村集体经济资产股权权能

农民获得的集体资产股权，从权能完整的角度讲，不仅应有占有、收益的权能，而且应有处分的权能，也就是可以抵押、担保、转让、继承。对于这六项权利，法律规定各有不同，地方实践深浅有别，因此需要区分各地情况分类指导，有序推进。

（一）集体经济资产股权权能法理分析

1. 占有权和收益权

占有权是成员权的具体体现，收益权则是占有权在某种程度上的延续，这两种权力彼此依存，不可分割。目前，《中华人民共和国民法通则》和《中华人民共和国物权法》对财产所有权人的占有权、收益权有明文规定。下一阶段改革的重点是将开展股份合作制改革，将资产折股量化到人、落实到户的地区，全面赋予农民对集体资产股份的占有权和收益权，建立健全农村集体资产股权证书管理、台账管理和收益分配制度。

2. 有偿退出权和继承权

现行法律对农村集体资产股份的有偿退出权和继承权没有明确规定，各地实践中也存在一定差异。有偿退出和继承究竟行还是不行，要看本集体经济组织的章程，看大家的意愿，有的地方可以，有的地方只能转让给本集体成员，有的地方继承是天经地义的，也有地方不让继承。下一阶段改革的重点是选择有条件的地方探索赋予这两项权利。其中，有偿退出权重点是探索有偿退出的范围。如果集体资产股份只能在本集体范围内退出，则有限范围势必导致退出价格偏低，侵害农民利益；如果允许在更大范围内退出，则农民可能获得更高收益，但同时也可能带来冲击集体经济的风险。如何寻找最佳平衡点需要深入研究，审慎实践。继承权重点是探索具备法定继承人资格，但不是集体成员的人员继承集体资产股份的规则。不允许这类人员继承，可能会影响农村社会和谐稳定；允许这类人员继承，又可能会对农村集体经济组织的社区性产生影响。因此，要妥善解决这个问题，在操作过程中，则必须尊重农民意愿，履行民主程序。

3. 抵押权和担保权

从法律角度来看，抵押属于担保的一种形式，因此抵押权和担保权本质上属于一类权利。《中华人民共和国物权法》和《中华人民共和国担保法》对集体资产股份抵押、担保没有明确规定，属于法律空白，开展试点探索也不需要法律授权。但考虑到抵押、担保后，如果成员无力偿还贷款，金融机构处置股份时可能会对集体经济的产权结构、农村社会的社会结构带来影响，因此探索赋予这两项权能必须慎重、审慎、稳妥。而且，集体资产股份抵押担保的只能是收益分配权，并非股份上的全部权利，对其处置相对于土地经营权情况更加复杂，失控风险程度更高，因此，这方面的探索一定要经当地农业部门会同中国人民银行分支机构、中国银保监会派出机构批准，在限定范围内施行，确保封闭运行、风险可控。

（二）集体资产股权继承权和股权管理

法律法规规定了农民对农地的成员权，是一种个人权利，随着成员的离开或去世，这种权利就消亡。另外，法律法规又涉及农民对农地的用益物权，其中隐含的是"生不增、死不减"的财产权利原则。

集体资产股权可以以户为单位实行集体经济组织成员继承，总的原则是让农民能够带着集体资产进城，持有集体资产股权者一样可以成为完全意义上的市民。

在资产股权管理方面，各地都有不同的实践。其主要有两种模式，随人口变动而调整股权的动态管理模式，以及不随人口变动调整股权的静态管理模式。对于如何选择股权管理模式，可区分两种情况：一是在城市化地区已撤制村组的地方，对入股股东的股权应实行静态、基本封闭的管理模式，即不随人口增减变化而调整，而是在每次换届时做适当的微调，也就是内部转让、继承和赠予，每年提出股权转让、继承、赠予的人数不多。从经验看，必须严格限制股权的有偿转让，除内部股民自由转让外，不允许外来人员受让本公司股权；防止内部股东恶意买卖股权；内部股东股权转让、亲人间的继承或赠予必须经个人或家庭申请、董事会同意、双方签字确认、司法公证（家庭成员增减属家庭内部结构变化，由家庭内部协商确定）；二是对农村地区村一级组织都还共同存在的地方，其股权（实质是份额）可实行动态管理模式（因为有些资产都属资源性资产，价值尚未真正体现），待撤制村组时，应锁定基数，实行静态固化管理。

严格意义上说，原始资产都是由土改之后入社的原始农村集体经济组织成员拥有及其后代继承，只要他没有退出或转让股份，可以永远拥有（通过继承的办法）。

（三）集体资产股份流转和有偿退出

目前，全国各地实行集体资产股份流转和有偿退出的地方很少。对村集体土地基本被征用、已完成撤村建居、旧村改造、社会保障和社会事务管理与城市完全接轨的股份经济合作社（或村集体经济组织），在充分尊重绝大多数成员意愿的基础上，通过实施公司化改造或资产清算，探索市场化改革或有序退出机制。通过优化资产结构，在资产评估基础上，通过拍卖、转让等手段，在股东内部进行公开竞价，实施股权重组，建成一个或若干个具有市场主体地位的公司制法人实体。新组建法人实体在设立之初原则上只局限于原股东，成立后实行公司化运作，股权可转让。股权转让需签订转让格式合同，经股东代表大会公证后实行登记过户。对无力实施公司化改革的股份社，经股东代表提议，全体股东投票决定，乡镇（街道）同意，并履行清算、公告手续后，合作社实行终止退出。

（四）农村集体资产产权交易

可以依托各级农村集体资产管理、土地承包经营权流转管理等平台，开展农村土地承包经营权及农村土地相关权益、农村集体经济组织所有的实物资产及无形资产，以及非集体经济组织的企业、农民合作社和个人所持有的股权、资产、知识产权等产权流转交易。农村产权流转交易市场建设要以保障农民和农村集体经济组织的财产权益为根本，以规范流转交易行为和完善服务功能为重点，发展多种形式的农村产权交易市场，使农村产权流转交易市场体系能够适应交易主体、目的和方式多样化的需求，逐步发展成全市集信息发布、产权交易、法律咨询、资产评估、抵押融资等为一体的为农综合服务体系，为农户、农民合作社、农村集体经济组织等主体流转交易产权提供便利服务和制度保障。

目前，我国农村集体资产产权市场建设尚处于起步阶段。现阶段建设过程中应遵循以下基本原则：一是坚持公益性为主。必须坚持为农服务宗旨，突出公益性，引导、规范和扶持农村产权流转交易市场发展，充分发挥其服务农村改革发展的重要作用；二是坚持公开公正规范。在产权流转交易过程中，必须坚持公开透明、自主交易、公平竞争、规范有序，严格按照法律法规及各项政策办事，严禁违法违规交易行为，保障农民和农村集体经济组织财产权益；三是坚持因地制宜。各地必须从实际出发，结合实际，统筹规划，合理布局，不搞强迫命令，不搞"一刀切"。四是坚持稳步推进。充分利用和完善现有农村集体资产产权市场，如上海农村产权流转交易市场，在开展试点的基础上，总结经验，拓展功能，分步实施，循序渐进，不急于求成，不片面追求速度和规模。

（五）农村集体产权股份合作制改革方向

当前和今后一个时期，我国农村集体产权制度改革的主要任务：一是分权。没有分权的，抓紧分权；已经分权的，要规范分权。二是赋权。赋予各类集体资产用益物权人的部分处分权。三是活权。建立农村产权流转交易市场及交易规则。四是保权。固化和保障农村集体经济组织成员权利。

其中，农村集体产权制度改革最深层问题是占有权变更形式问题。目前，最有效的办法是将股份制的股权管理办法引入合作制领域。即在坚持合作经济基本原则和总体框架的基础上，将股份制的股份管理办法引入合作制中。集体经济组织成员可以按照合作制原则，将其拥有的按份共有集体资产占有权有偿退出给本集体经济组织，也可以按市场化原则，流转给其他主体。同等情况下，优先流转给本集体经济组织成员。只有这样，即使共有集体资产进入市场自由流转，也会使流出集体资产的农民获得更多利益。

当前各地对集体资产股权流转、抵押、担保、继承等权能，无论是经济发达村社还是薄弱村社，股东普遍不愿、不敢流出股权。为此，当前首要的任务是要引导目前实行动态管理的股权向静态管理转变，这是赋权活权的基本前提，要因地制宜积极探索研究制定股权流转、抵押机制，在现阶段股权的流转、抵押须经股份经济合作社同意。在股权流转上，对城市化和公司化治理水平较高的股份经济合作社，允许各类股权在社内外流转，在同等条件下优先流转给社内股东；对完全农村地区的股份经济合作社，人口股流转一般以社内为主，审慎向社外流转。在股权抵押融资上，主要是那些拥有可观、稳定、可持续分红的股份经济合作社，可用股份分红（主要是预期资产股权收益）作为偿还贷款的保证。

要坚持分类推进，把握农村集体产权股份合作制改革的历史要求，对全面完成改革后的经济合作社，因地制宜、分类指导做好改革深化的文章。

第一类，高度城市化区域的经济合作社。可逐步探索向股份有限公司及相应法人治理模式转型，走向现代企业，特别是对于土地已全部征用，农民社会保障已全部落实的，可探索让资源、股权等充分流动，有条件的可引入其他市场主体合作发展；个别资产量极少的经民主决策和上级批准，也完全可终止解散。

第二类，即将城镇化区域的经济合作社。根据撤村建居和公共服务均等覆盖的进程，有序推进"政社分离""政经分离"，待完全城市化后走第一类股份经济合作社发展路子。

第三类，将长期处于农村地区的经济合作社。要牢牢坚持和稳定完善农村基本经营制度的底线，重在创新和完善经营治理机制，建立份额制的集体经济改革模式，多措并举发展壮大集体经济，促进农村集体经济保值增值，让农民得到实惠。

实现农村集体资产股份权能是一个较漫长的过程。现阶段重点是用好并管好集体资产，既要防止在改革中少数人对集体经济的控制和占用，也要防止集体经济被社会资本所吞噬。今后，随着农村集体资产价值不断显现、随着法律法规不断健全，可不断加大改革力度，引入现代企业制度和市场主体，充分完善集体经济资产股份权能。

由于农村集体经济组织产权制度改革涉及中国基本经济制度和农村基本

经营制度，涉及经济、法律和社会的方方面面，涉及不同主体的利益诉求，问题十分复杂，必须区别不同情况，因地制宜分类推进。

一是统筹兼顾各方利益。推进农村集体经济组织产权制度改革，核心是要在国家、集体与成员之间合理分割集体资产的产权。在国家与集体之间，重点是按照规划和用途管制的要求，赋予农村集体经营性建设用地直接进入城乡统一的建设用地市场的权能；改革征地制度，缩小征地范围，赋予农村集体更大的土地发展权。在集体与成员之间，重点是赋予成员对承包地更完整的权能、对集体资产股份更大的权能、对宅基地和住房财产权更充分的权能。

二是分类推进资源资产改革。农村集体资产类型多样，包括土地等资源性资产、学校等公益性资产、厂房等经营性资产。改革的思路应是将集体土地所有权从"虚置"到"坐实"，探索不同类型土地、不同农村地区土地所有权权能的不同实现形式。由于各类集体资产产权制度改革进展不一、要求各异，必须分类推进。土地不能实行私人所有，各类集体土地的产权制度改革重在寻找更有效的集体所有制实现形式，在国家、集体、成员之间重新分割占有、使用、收益、处分权能。对公益性资产，重点是探索有利于降低运行成本、提高服务效能的管理模式。经营性资产的可变现、可分割、可交易性更高，可以实行灵活多样的改制模式，对物业、集体经营性建设用地使用权等以租赁经营为主、收益稳定而透明的集体资产，可实行股份合作制改革，在维持集体统一经营与明晰成员权利之间达成新的平衡；对征地补偿费等现金资产，可以探索直接分配给集体成员。

三是因地制宜指导改革。各地农村发展不平衡，有些地方除土地外没有其他集体资产、土地增值空间很小，有些地方经营性资产较多、土地增值潜力较大，必须因地制宜推进农村集体经济组织产权制度改革。一般农区主要是对各类土地资产和农民住房财产进行确权登记颁证，完善承包地经营权流转制度，建立集体成员认定制度。城郊地区集体资产产权制度改革任务较重，既要对经营性资产进行全面清产核资、折股量化到人，也要对各类土地资产进行改革，而且土地产权制度改革的侧重点也有别于一般农区。在土地已全部城市化、集体成员已全部市民化、社区公共产品已全部由政府承担，集体成员对集体资产管理意见较大、问题较多的城市化地区，集体所有制的存在逻辑不复存在，改革的尺度可以更大些。

二、促进农村集体经济可持续发展的模式选择

发展新型集体经济，增加农民财产性收入，让广大农民分享改革发展成果，是农村集体产权制度改革的出发点和落脚点。这里的新型集体经济，是成员边界清晰、产权关系明确的集体经济，是集体优越性与个人积极性有效结合的集体经济，是更具发展活力和凝聚力的集体经济。在实践中，一些地方结合自身特点，探索了发展新型集体经济的多种途径，让农民从集体收益中获得更多财产性收入，得到了广大群众的拥护和支持。

（一）农村集体经济发展的现状及特殊性

发展新型集体经济，需要借助农村集体产权制度改革来实现。各试点单位要充分利用清产核资、股份量化、设立股份合作组织等改革成果，开阔视野，创新思路，着力发展壮大新型集体经济。要不断丰富新型集体经济发展路径，通过农村集体产权制度改革，创新农村集体经济运行机制，探索通过资源开发型、物业租赁型、资产盘活型、乡村旅游型、农业生产型、联合发展型等多种形式发展集体经济，壮大集体经济实力。要充分利用各项扶持政策，落实支持农村集体产权制度改革的有关契税、印花税政策，用好政府拨款、减免税费等形成的资产归农村集体经济组织所有的政策，完善金融机构对农村集体经济组织的融资、担保政策，细化统筹安排农村集体经济组织发展所需用地政策，为发展新型集体经济营造良好的环境。

市场经济条件下，农村集体经济组织直接进入风险大、收益不稳的竞争性领域和产业，将会面临较大的经济、政治和社会风险。因此，客观情况要求发展新型农村集体经济必须转变传统做法，坚持走风险小、收益稳的经营之路，逐步退出竞争性领域和产业。通过盘活集体资金资产资源，发展以资本经营、资产资源租赁和承包经营等为主的服务行业，重点发展标准化厂房、打工楼、商业用房等物业经济，既能为集体增加稳定持久的收入，又能为其他市场主体搭建发展平台，有利于多种所有制经济共同发展，共同繁荣农村经济。有条件的地方，可以联合发展成资本运作的企业集团，培育成综合化市场主体，稳步提升集体经济实力。

（二）农村集体经济发展的现有模式

发展壮大农村集体经济，应当根据地理区位、资源禀赋以及当地经济社会发展状况，创新发展路径，丰富集体经济发展新形态。

改革后组建的新型集体经济组织应在保障现有存量资金、资产的基础上，主要通过发展不动产、充分利用自有资源、参与合作开发等有效途径发展壮大集体经济，并进一步引入市场机制，吸引各类社会资源共同促进集体经济可持续发展。改制后的村一级集体经济组织应更注重经营好物业经济；镇一级集体经济组织应更注重统筹好自有的和所属村的资金、资产，鼓励村集体经济组织采用入股的形式参与经济开发，将农村集体拥有的各类发展资金资产和潜在优势转变为现实的增收能力，实现抱团发展。

在具体实施过程中，需要政府给予更多的关心支持。在财政政策方面，探索通过发行新农村建设中期国债、增加土地出让金投入比例、保留并扩大一事一议财政奖补资金等多种方式，加大国家财政对农村基础设施建设和公共服务的投入，逐步减少依法应由政府承担，而实际由集体经济组织承担的公共服务支出；加强对欠发达地区经济薄弱村集体经济发展扶持，支持有能力的村集体经济组织优先承担财政项目，财政投资农村形成的资产尽可能交给集体经济组织管护和经营；在土地政策方面，应当在总量控制的前提下盘活指标，让集体分享土地增值带来的收益；赋予集体自主开发使用土地资源权利，尽快建立和落实集体用地直接上市、征地留用地、征地留房留资产；在税费政策方面，在一定时间的过渡期内，应当本着能免则免、能减则减等原则，对集体经济组织的房产税、土地使用税、营业税、印花税、契税和企业所得税；在金融政策方面，由政府支持金融机构为集体经济组织发展项目提供资金支持和金融服务，同时鼓励探索农村土地承包经营权、农民股权等抵押、担保贷款方法，开展订单融资、供应链融资、存货质押、农业机械设备抵押融资等。

三、农村集体经济组织的法律法规梳理

家庭联产承包责任制和适度规模经营，是就农村集体经济的实现形式而

言的，二者都是发展集体经济的方式。农村集体经济是中国农业向现代化前进的不可动摇的基础，它具有个体经济所不能比拟的优越性，因此必须坚持农村集体经济制度。

根据调整对象的不同，可以从两个层面进行梳理。

1. 从宪法层面：以集体所有制为基本原则

依照《中华人民共和国宪法》明确规定：中华人民共和国的社会主义经济制度的基础是生产资料的社会主义公有制，即全民所有制和劳动群众集体所有制。从宪法层面上理解，集体经济是与全民所有制经济并列的生产资料归部分劳动者共同所有的一种社会主义公有制经济。同时，《中华人民共和国宪法》还具体规定：农村集体经济组织实行家庭承包经营为基础、统分结合的双层经营体制。

从《中华人民共和国宪法》的相关条文看，其一，确定了农村集体经济具有公有制性质，它是社会主义经济制度的基础；其二，提出了农村集体经济组织概念，明确了以家庭承包经营为基础、统分结合的双层经营体制，是现阶段农村集体经济的主要实现形式；其三，指出了农村中的生产、供销、信用、消费等多种合作经济，是农村集体经济灵活有效的运行方式；其四，规定了参加农村集体经济组织的劳动者法律主体地位，确保其享有在法律规定的范围内从事家庭经营活动的权利。其中最重要、最根本的是第一项内容，即农村集体经济是农村生产资料归农村劳动群众集体所有的经济形式。其他几点都是在这一基础上生发和延伸出来的。

从法律效力上讲，宪法是保证党和国家兴旺发达、长治久安的根本大法，具有最高权威。所以，《中华人民共和国宪法》从所有制层面对中国集体所有权制度发展做出法律规定，提出国家保护、鼓励、指导和帮助集体经济的发展的基本原则，是其他各位阶法律规范制度设计必须遵循的最高准则。

2. 从民法层面：以财产所有权为调整对象

《中华人民共和国民法典》第二百六十一条规定：农民集体所有的不动产和动产，属于本集体成员集体所有。《中华人民共和国民法典》第二百六十条明确属于本集体成员所有的"不动产和动产"，具体包括：一是法律规定为集体所有的土地和森林、山岭、草原、荒地、滩涂等；二是集体所有的建筑物、生产设施、农田水利设施；三是集体所有的教育、科学、文化、卫生、体育等设施；四是集体所有的其他财产。在法律规定的农村集体经济所有权客体中，最重要的是农村集体所有土地。

从民法法律层面理解，所谓的集体所有权是指一定团体或社区在其成员平等、民主的基础上形成的集体共同意志，对其财产进行占有、使用、收益和处分的权利。所以凡属于集体共有性质的财产收益，农民都有权主张，其整体利益和长远利益应予以维护。农村集体所有的土地发包给农民，是农村集体经济组织所有权和使用权的适当分离，以家庭为单位的承包制使土地财产权直接下移至农民的手中。可见，民法层面的相关法规，重点集中在与所有权、使用权相关联的财产权保障，属于农村集体经济运行的层面。

第七章

乡村振兴背景下的农村法治化基层治理推进策略

第一节　加大法律常识宣传力度

在积极稳妥推进农村社会各项事业全面发展的过程中，我们更要按照新时期的发展目标和发展要求，努力推进农村社会治理法治化工作。做好法律宣传教育工作是推进农村社会治理法治化建设的一项基础性工作，借由开展法律宣传教育工作的机会，让法治观念深入人心，培育农民的法治意识。法律作为一种行动指南，如果不为人知或者无法为人所知，就会成为一纸空话。由此可以看出，农民对法律的熟知是其法治意识形成的基础和前提，如果一个人对法律根本就不了解，那他的法治意识也就无法形成。通过法律的宣传教育可以提高农民对法律的认知程度，我们必须注意法律宣传教育工作在培养农民法治意识方面的重要意义。开展法律宣传教育工作的目的，不仅在于普及法律的相关知识，更需要传播法治思想、培养法治意识、弘扬法治精神。在教育过程中，注重贴近群众生活、贴近农村实际情况、贴近农村法治建设，争取群众的广泛支持和参与。开展法律宣传教育工作要针对农村和农民的特点进行，增进农民对与自己生活息息相关的法律法规的了解，帮助广大农民树立法治意识。

一、构建以农村基层工作人员为依托的普法用法宣传机制

加大普法、用法宣传力度，提高农民法律意识。在乡村治理过程当中，

乡村工作人员主要是指乡镇政府、乡村司法组织、村民委员会、农村基层党组织的成员等普法、用法的主体。作为乡村治理的个体，他们有责任也有义务将法制理念、法治意识通过自身在乡村社会的实践来宣传和普及。通过让农民重新认识法律，在普及法律的过程当中让农民理解法律不仅有惩罚犯罪的功能，还有保障群众利益的功能；在宣传的过程当中，还应该让群众明白运用法律不一定能打赢官司，因为打赢官司，还需要其他有利条件的支持，如证据；还应该让农民养成守法、依法办事的习惯，形成对法律的崇拜。

二、选择合适的宣传教育内容

在宣传教育的内容方面，我们应注重选择与农民生产生活关系密切的内容，并注重对农民现代法治观念和现代权利意识的培养。权利意识与法律信仰是一种互动关系，权利意识的增强导致法律信仰的生长；反之，信仰的增强也必将推动公众权利意识的扩张，进一步推动法律意识的增强。将宣传教育与农民的生活实际相结合，借由现实案例将抽象难懂的法律条文变得通俗易懂，告诉农民哪些是应当承担的义务必须做，哪些是错误的不能做，哪些是享有的权利受保护以及怎样保护自己的权利。

三、注重宣传教育对象的不同

在法律宣传教育的对象方面，农民的法律素质因受教育程度的不同而具有差异，因此农村的法律宣传教育工作要针对不同群体的不同特点进行。

（一）针对村干部等农村精英群体开展法律学习教育

在农村，村"两委"干部等精英群体的影响力很大，提高他们的法律素质对普通村民法律素质的提高具有带动作用，因此可组织针对农村精英群体的法律知识学习和培训活动，提升他们的法律素质。

（二）针对农村青年、学生群体开展法律学习教育

青少年是祖国的未来，他们的法律素质对国家法律素质的整体水平至关

重要，关系依法治国方略的长远实施，因此青少年应作为法律宣传教育工作的重点。

（三）针对基层行政、司法和执法人员开展法律学习教育

公正司法、严格执法是最好的法律宣传教育方式。加强基层司法和执法人员的专业知识培训，提升他们的专业素养，提高基层司法和执法人员公正司法、严格文明执法、依法行政的能力和水平，确保他们为农民朋友提供更加合格、更加专业的法律帮助和服务。

四、采用多种创新的宣传教育方式

（一）对教育方式的选择

努力提高广大农村干部群众的法律素质，加强对各级相关部门领导干部的法律培训。将普法与乡村精神文明建设结合起来，利用更多的渠道如广播、电视、互联网来宣传，改变突击式、灌输式、概念式的自上而下的单一普法模式，将普法与基础教育相结合。力争将普法教育纳入义务教育体系，让法律知识进入课堂、写入课本，真正做到普法从学生抓起。

在法律宣传教育的方式方面，我们应该选择多种有效的方式进行，根据不同教育方式的优势，多管齐下，保证宣传教育工作的效果。

1. 利用文化活动的开展推进法律宣传教育工作

开展法律宣传教育工作，对法律知识进行普及只是初级目标。传播法治思想、培养法治意识、弘扬法治精神才是工作开展的终极目标，通过举行文化活动可以营造更适宜思想、意识、精神形成的环境，而且以丰富的文化活动为载体，宣传教育的形式多样，宣传教育的氛围浓厚，可以吸引农民群众主动参与，以文化活动的趣味性、交流性代替枯燥乏味、单向灌输的传统宣传教育方式，让农民在参与活动的过程中不知不觉地受到法律知识的熏陶，从而获得更好的宣传教育效果。

2. 利用法律服务活动的开展推进法律宣传教育工作

农民群众接受法律服务的时候，是他们最需要了解法律、最渴望学习法律知识的时候。基层法院、司法所、援助律师等要抓住向农民群众提供法律

服务的机会，教育、引导农民加强对法律知识的学习。比如，通过审理、调解具体案件的过程向农民展示法律的强制性和公正性，让农民明白违法犯罪行为是一定会受到法律的惩处的，将法律服务工作与法律宣传教育工作相结合，促进农民对法律知识的学习。

3. 发挥家庭、学校等在推进法律宣传教育工作中作用

以家庭为单位开展法律宣传教育活动，家庭内部、邻里之间相互帮助、共同学习，并充分发挥学校作为推进法律宣传教育工作的主阵地的作用，将对法律知识的学习穿插在学生的日常学习和课外活动当中。

4. 发挥传统教育方式在推进法律宣传教育工作中的作用

可以利用村庄的图书室、活动室以及村务公开栏等宣传阵地对农民进行法律宣传教育；可以利用文化下乡等活动，编写农民能够看懂的法律知识小册子并进行发放，号召大家学习法律知识。

其他形式的普法宣传教育还有现场宣讲、发放宣传资料、现场解答法律问题等，同时要积极应用多媒体技术，以网络、手机等为载体，宣传法律知识，开展网络普法活动。另外，可以在农村开展巡回法庭，以案释法，生动直观地让农民观摩学习法律知识，提高法治思辨能力。在村委会、村级阵地建设方面营造法治氛围，从口号标语、农家书屋、村图书室、农民夜校等方面着手，加大普法宣传力度，营造法律文化氛围。在向村民发放宣传单的同时，发放印有法律知识图片的小扇子；鼓励农民利用业余时间排演普法节目并登上村里的舞台演出；利用手机推送典型案例；改变传统的普法宣传手段，创新方式，不断加大加深普法宣传教育力度。针对农村人员流动性大、文化水平不高等特点，创新普法宣传教育的方式方法；除了内容外，还要在普法宣传的感染力、吸引力上动脑筋、下功夫。

（二）明确农村普法宣传的侧重点

采取"重点突破、分类施教"的方法，重点抓好村干部、农民党员、村民代表的普法教育工作，努力提高他们依法办事的能力，提高他们的法律素质，教育引导他们带动广大村民。在普法宣传上选择与农民生产、生活息息相关的法律法规作为普法宣传教育的重点内容，这样农民学习感兴趣，普法人员宣讲也接地气。整合农村现有宣传教育资源，充分利用乡镇普法宣传员、

司法所派出所干部、乡村中小学教师、乡镇干部、法律援助律师等人才资源开展农村法治宣传和普法教育。

（三）对农村普法要做到常抓不懈

普法宣传教育要常态化，同时落实"谁执法、谁普法"的工作原则，通过多种手段调动农民学法、用法积极性，坚持不懈、久久为功；农村普法宣传教育应当大力倡导法治理念、广泛普及法律知识、积极营造法治氛围。农村普法宣传教育水平、工作开展效果、开展时间将会直接影响农民法律意识的树立，影响农民对社会治理法治化的认知程度，只有基层群众法律思维水平和认知水平提高了，才能影响和带动农村整体法律环境、法律文化建设。

五、开展送法下乡活动

法律的普及需要政府的推动和动员，也需要广泛的社会参与。送法下乡活动的开展是一个比较好的方式。事实上，送法下乡需要经常开展，需要丰富多彩，更需要落到实处。广泛组织和动员社会力量下乡开展法律宣传活动，以群众最喜闻乐见的形式将法律之花送到千家万户，可以提高群众法律修养，扩大法律影响力。

六、以法治培训强化农村基层干部与群众的权利意识

所谓权利意识，是指人们对一切权利的认知、理解和态度，是人们对实现其权利方式的选择，以及当其权利受到损害时，以何种手段予以补救的一种心理反应，它构成了公民意识和宪法精神的核心。基层干部和群众的权利意识在很大程度上决定了农村基层群众对法治建设的热心程度，有强烈的权利意识，才能主动学习法律和运用法律，在遇到权利受损的情况时，才能积极运用法律手段，寻找公力救济，而非靠私力救济，罔顾法律而蛮干。

农村基层干部的权利意识的培养主要应通过培训的方式，一方面，组织农村基层干部分批到党校、干校集中进行法治培训，充实法律知识；另一方面，建立普法队伍，经常下乡开展普法教育课活动，召集村干部和党员到乡

镇进行系统学习。而对群众权利意识的培养应该结合群众自身利益，同时对周围发生的众所周知的案例进行法律解释，解开笼罩在群众心中的种种疑惑。这样既可防止农村谣言的散布，又可宣传法律知识，更能促使群众权利意识的觉醒，可谓一举多得。农村群众因为自身条件的限制，在权利受损时，往往通过私了或村干部调解来解决，尤其是发生一些道德品质败坏的违法犯罪行为时，被害人往往为自身名声考虑，放弃自诉权利，将事情隐瞒不报，公安机关与公诉机关便无从得知，犯罪分子难以得到应有的惩罚。对于这种现象，要大力宣传公民的权利，同时保护当事人隐私，防止因不良媒体曝光而损害或侵犯当事人权益，尤其是被害人名誉权的情况。加强村干部和群众权利意识的培养，既能更好地维护基层群众的基本权利，又能促使他们主动履行自身义务，对新农村和谐社会的构建和法治化建设具有极其重要的意义。

第二节　完善法治化规范体系

一、明确治理主体权责

新时代乡村社会多元主体参与治理已然成为事实且在进一步发展中，但权力越位、错位、缺位现象仍然存在。推进治理主体法治化就是要打破公权力主宰乡村社会的治理格局，引入市场和社会主体参与治理体系，既要确保基层政府、村民自治、基层党组织、民间组织、乡村精英等主体"在场"，深度参与实质性事务，又要明晰彼此权责，促使多元主体各司其职、各归其位。

（一）转变政府职能，推进规则治理

基层政府是国家权力在基层社会的代表者，是宣传国家大政方针、贯彻国家决策部署、引导基层治理航向的重要主体，在乡村治理中发挥着主导性作用。当前，乡村治理实践中公权力与自治权矛盾时有发生，根本上是因为治理权力边界不明晰，所以必须转变政府职能，规范政府治理权力运行，推进规则治理。

应当予以明晰的是，转变政府职能，推进规则治理，引导多元主体合作共治，并不是将"政府之手"完全从乡村治理体系中撤离，一切交由基层主体，而是主动适应时代发展潮流，将政府角色从过去的"全能政府"向"有限政府"转变，从"重管理轻服务"向"管理与服务并重"转变，把"本应由社会承担的交给社会，应由市场配置的还给市场，明确自身在基层治理中的地位及权限，做到'有所为，有所不为'"，推动公权力在法律框架内运行。

要建立"权力清单"，明晰基层政府的权力范围。建立权力清单就是要把基层政府所行使的公权力进行全面统计，并将权力列表清单公之于众，接受社会监督。乡村社会治理事务繁重复杂，民众利益诉求多元多变，政府不可能面面俱到。因此，政府应当向基层社会分权放权，通过建立权力清单以明确与基层自治组织指导、支持、帮助的范围，明确自身的权力限度，对属于基层民主自治范围内的事不轻易干涉，对本应由政府出面的不袖手旁观。

要转变基层政府的工作方式，规范权力运行。基层政府处于国家政权体系的末梢，与人民群众的关系最为密切，在乡村治理中的角色是指导而非指挥，是监管而非控管。因此，必须转变过去命令指挥式的管控态度为民主协调、耐心指导的方式，要遵循村组织规定的指导与被指导原则，而非现实中上下隶属的领导关系，要规范自身权力在法律限度内行使。同时，基层政府作为乡村治理运转的掌舵者，要强化在基层治理中监管、引导和服务的作用。对于基层群众经济、生态、民生等发展面临的困境，政府应及时出台政策予以支持，加强宏观调节，营造良好的发展环境。要依法监督村民自治权的正常有序行使，对村民自治中存在的违法违规行为应坚决查处，净化基层政治生态；对影响群众生命安全的违法犯罪行为应加大执法力度，营造风清气正、公平公正的法治环境，保障基层治理健康有序推进。

（二）改善党的领导，推进示范治理

基层党组织是党在基层社会的细胞，是中央感知基层社情、民情的传感器，是落实党的决策部署的执行器，在乡村治理中处于领导核心地位，发挥着领导核心作用。具体来看，党的基层组织主要包括乡镇层面的党委与农村层面的党支部，领导核心作用主要表现为党对基层政府、村委会两级组织在政治、思想、组织上的整体全面领导。与政府等正式的官僚机构相比，党组织的非正式性避免了机构膨胀给国家带来的麻烦。通过先进的政党组织贯彻国家的意志，体现出国家控制的发展，政党内部的组织原则和组织效率是官僚机构的层级节制、利益诱导等机制所无法比拟的。因此，乡村治理过程中必须提升和优化党的治理能力，推进示范引导治理。

要加强基层党组织的组织力，提升党的决策部署能力、宣传动员能力和贯彻执行能力，有效凝聚乡村社会共识。新时代的乡村基层社会发展不平衡、不充分，矛盾日益突显，矛盾纠纷与利益诉求复杂交织，乡村治理面临的困难和挑战前所未有。作为基层社会治理的领导核心，基层党组织必须适应基层社会的发展变化，提高执政和治理的有效性，坚决贯彻中央决策部署，充分调动基层群众积极性，充分发挥党组织在治理中的模范带头作用。基层党组织要带头遵法学法、守法用法，恪守国家法律底线，严守党章党规要求，在行使权力、发挥作用中，坚持在法律的框架下运行，不能超过权力边界，要自觉接受基层群众监督。

要明晰自身的职责范围与权限，做到有所为有所不为。基层党组织，特别是村党支部在乡村治理过程中处于领导核心地位，在行使职权的过程中，要正确协调和处理与乡镇政府、村委会、民间组织、乡村精英等主体的关系。要支持和配合乡镇政府开展工作，确保各项上级决策部署贯彻落实；要支持村委会正常行使自治权，尊重和激发村民民主意识，鼓励引导村民有序地参与政治；要支持民间组织、乡村精英参与乡村治理，为农村基层政治结构的完善、民众生活的优化、农村政治空间的成长和治理效能的提升打造坚实的基础。同时，对于涉及村里发展大计、涉及村民切身利益的事项，应广泛征求意见，充分协商讨论，最终交由村民大会决定，保证民事民议贯彻落实。

（三）加强基层民主，保障自治权利

村委会是村民自我教育、自我管理、自我服务的群众自治性组织，依法行使自治权利，在化解基层矛盾纠纷、协调农村利益关系、凝聚基层民众共

识、推动乡村社会发展中发挥着重要作用。从实践运作看，村民自治权的有效行使和作用的发挥，既需要外部环境的支持保障，又需要内部权力运作的民主公正。当前，必须从外部权利保障与内部权力运作共同着眼，加强基层民主，保障村民自治权。

要合理划分基层政府和村委会的权力边界，明确指导与被指导的关系范围，充分保障基层群众的自治权。现实当中，由于基层事务繁杂，加之基层政府与村委会关系不明确、公权力与自治权边界不明晰等体制漏洞，行政权力对乡村社会挤压渗透成为常态，致使村民自治权力被压缩，自治地位下降、治理能力弱化、影响力降低。事实上，村民自治不仅是国家治理乡村的一种方式，还是国家赋予农民的一项不可剥夺、不可转让的基本权利。

要发扬基层民主，改进村民自治工作方式，严格落实农村"四个民主"，广泛凝聚民识民意、集中民智民力，推动民有民治、民建民享，充分调动基层群众的积极性、主动性。村民自治的发端应是自下而上的，是民众为了共同目的而达成的契约，这个契约性主要体现为民众对具体事项达成的一致，既是基层公共价值的凝练和升华，又是自治范围内各主体共同遵守的准则。因此，在村民自治权运行过程中应广泛实行民主，充分集中民智、民力、民心，推动乡村各项事业健康有序发展。具体而言，要规范民主选举，依法按时进行村委会选举换届，规范村委会候选人的产生方式以及对候选人的资格审查，完善投票程序，推动选举的高效公正性；要促进民主决策，定期召开村民会议、村民代表会议，把一切涉及村民切身利益、事关村庄发展的重大事务交由群众决议；要增强民主管理、民主监督，畅通诉求表达、意见反馈渠道，依法依规公开村务、财务，自觉接受村民监督。

（四）发展民间组织，促进协同治理

民间组织作为基层群众共建共享的重要载体和平台，在发展基层民主、活跃乡村经济、完善公共服务、推动社会建设等方面有精彩表现和重要作用。一般而言，乡村民间组织主要包括商业性组织、公益性组织、互助性组织等，是由农民自发组织，或在政府的推动和支持下成立的组织，参与主体主要由农民构成，目标在于更好地实现农民的政治、经济利益或完成某种社会保障功能，是民间社团。乡村基层社会治理事务繁重复杂，利益关系重叠交织，治理缺位失位现象一直是困扰乡村治理的难题；民间组织由于其组织形式的特殊性、类型的多样性，往往能提供多元化、精准化、个性化服务，可以填补乡村治理的空白。在参与治理进程中，民间组织与基层政府、村委会、村支委等主体相互协作，实现共同行动、耦合结构和资源共享，从而弥补了政府、市场和社会单一主体治理的局限性，优化了治理主体结构。但是，当前农村地区民间组织发展不充分、地位不明确、权利无保障、作用不突出等问题比较突出，阻碍了民间组织的角色扮演和作用发挥。因此，应创设条件鼓励发展民间组织，推进协同治理。

政府等部门应鼓励、支持民间组织发展，放宽民间组织准入门槛，简化登记审批，并提供政策、资金支持，营造民间组织发展的良好环境，推动民间组织充分发展。

应通过立法形式对民间组织在治理过程中的地位与职能、治理的权利与职责、参与治理的渠道与形式予以确认，通过法律的权威性保障民间组织的权利行使与作用发挥。应出台相关配套办法和举措，加强对法律制度的宣传和教育，鼓励、支持乡村民间组织在法治框架下大放异彩。同时，民间组织自身应明晰角色定位，利用自身优势和地位，积极参与乡村治理。

二、完善治理规范体系

乡村治理法治化的前提是具有完善的治理规范体系。总体而言，这套规范体系既包括国家制定的统一性的法律法规体系；又包括乡村社会内生性的民间规范，它们是乡村治理的总依据。因此，必须建构科学完备的治理规范体系，推进治理规范化、法治化。

（一）完善乡村治理法律体系

法律体系是由国家法律法规构成的统一体，是一个整体性、系统性的概念，自身包含着科学完备的价值追求，不仅是形式意义上的数量充足、结构完整，更是实质指向上的现实回应。任何层次、任何社会的治理规范都不是单一的，而是由多重法律法规构成的有机整体。鉴于当前乡村治理规范内容不明确、治理主体地位作用不明晰等困境，笔者认为应当制定和完善一整套乡村治理法律法规体系，力争做到全方位、多层次的覆盖，规范和保障新时代乡村治理的有序开展。

应当出台专门针对乡村治理的法律法规。多元主体治理乡村已成趋势并在不断向前推移，鉴于当前乡村治理主体缺少明确的法律地位和职责界定，致使治理主体权益缺少保障，各治理主体的权责、治理过程的操作等必须有明确规定。要通过制定专门的法律法规，明确多元治理主体的地位和作用，赋予各治理主体职权和责任，尤其是对民间组织等新兴主体的权利和职责应予以充分规范和保障，确保多元主体的治理行为于法有据、违法必究。同时，应规范治理过程中各要素的运作关系，对乡村治理目标的设定、治理决策的拟定、治理过程的运行监督、治理效果的评价反馈、治理环境的有效保障等环节运行的方式方法、操作步骤有明确规定，确保治理全过程的顺利开展。

这一过程中既要坚持在国家治理现代化的宏大叙事背景下遵从法治中国建设的整体架构，又要充分尊重和考虑乡村基层的实际情况，使法律内容和价值符合国家治理、社会自治、个人自主的协同关系。

应及时修订完善现有的法律内容。稳定性是法律发挥作用、产生效力的重要原则，也正是稳定性注定了它存在"时滞"的缺陷——法律从制定颁布的那一天起，就已经在某种意义上落后于不断变化的时代。因此，在立法实践中，应根据乡村治理实践的变化发展及时更改法律内容，保证法律的科学性、时效性；对规定不明确、表述有歧义的条款应及时修订完善，防止法律天平倾斜。

法律的生命在于实施，脱离社会实践的法律体系必然是空洞乏力的。乡村社会治理法律体系的建构必须"引入数量和质量的考量维度"，实现"从强调数量到关注质量、从填补立法空白到强调立法质量、从不断增补到关注整合"的系统过程。

（二）及时修订乡村民间规范

乡村民间规范是由共居于同一村落范围内的村民在长期的生产实践和生活交往中逐渐形成的共商共议、共信共行的行为规范。这种"民间"属性体现了非官方的特性，即不是由国家强制力作为后盾的，而是依靠基层社会公众舆论发挥作用，是介于国家法律与道德之间的"准法"，具有自治性、自律性、地域性和契约性特征。从形成渊源而言，乡村民间规范与传统社会的礼治规范具有同宗同源性，是礼治规范在现代社会的延续和传承，正因如此，民间规范在乡土社会具有巨大的生命力和契合性。我们应及时修订并完善乡村民间规范，推进民间规范的法治化。民间规范的制定和修改方式要体现民主原则，充分尊重民意、反映民众诉求。民间规范"最可贵之处是民众的认同感较强"，所涉及的主题主要是村风民俗、婚丧嫁娶、邻里关系、社会治安、纠纷解决等基本事务，与基层群众的密切度高、关联性大。因此，只有充分体现民意，坚持从村民中来，到村民中去，凝聚全体村民的智慧和力量，对民间规范内容进行广泛酝酿和讨论，才能激发民众认同感，在实践中得到民众的广泛支持和遵从。

民间规范的内容编排与拟定要充分尊重基层社会民情，反映社会实际情况。民间规范是特定地域范围的民众在长期的生产生活实践中所形成的，具有鲜明的地域色彩，一般只作用于该区域内的人们行为，对域外群体并不会产生效力。我国幅员辽阔，农村地域广阔，民间规范不可能形成全国统一的模型，"十里不同风，百里不同俗"才是现实观照，这也正是民间规范与国家法律法规的重要区别之一。因此，民间规范的内容拟定不应该"一刀切"，由上级部门统一制定而忽视乡村实际和民俗民意，而要立足乡村社会大舞台，既要继承传统社会积极向上的礼俗规范，又要尊重和反映新时代乡村社会的新面貌。

要发挥国家法律对民间规范的引导作用。民间规范源于乡村生产生活，也作用于生产生活，对乡村治理既会发挥正面规范作用，又可能产生负面滞后影响。当前，基层社会发展变化迅速，流动性和开放性不断增强，作用于封闭空间的民间规范很容易出现一定的滞后性。有些地方的乡规民约内容滞后于时代变化，与国家法律存在冲突。因此，要发挥国家法律的引导作用，及时更改和完善内容，使其紧扣时代脉搏，引导基层治理健康发展。对某些与国家法律法规内容相冲突、与现代法治理念不协调的民间规范应及时修订和完善，确保民间规范与国家法律同心、同向、同行。

三、建立科学的体制机制

乡村治理法治化的复杂性和关键点在于权力运行过程，从本质上说，治理过程就是决策与执行贯通、权力与权利互动的统合过程。"制度问题更带有根本性、全局性、稳定性和长期性。"乡村治理的有序推进有赖于制度的支撑和保障，要通过建构科学的体制机制，规范治理过程中的权力运行，推进治理过程法治化。

（一）建立民主规范的互动协商机制

所谓互动协商，就是各治理主体在治理过程中所形成的"以协商和对话的程序和形式达成共识或者协调分歧"。多元主体参与乡村治理，多元是形式，共治才是核心，共治就是强调各主体协商治理。然而在当前乡村治理实践中，多元治理主体因为利益诉求多元多变、权责关系混淆不清而难以达成共识，致使治理效率低、矛盾冲突不断，不仅浪费了治理资源，更影响了乡村社会的稳定健康发展。总体来看，治理共识的达成是一个不断统合与协调的过程，这就需要尊重和反映各主体的利益诉求和意见表达，通过对话交流、沟通讨论、平等协调等协商过程和机制寻求最大公约数、画出最大同心圆，进而形成多方沟通、协商合作的制度支撑。

1. 互动协商要坚持民主原则

拓展民主表达渠道，搭建平等协商平台。协商内含着民主的价值诉求，换言之，民主是协商机制的基础和前提，因此要将民主原则贯穿乡村治理全过程，让民主理念成为治理主体的价值遵循。在乡村治理中，事关村内发展的大事、涉及村民利益的事务管理和决策要以基层政府为主导，村两委为主体，充分尊重其他参与主体的治理地位和作用，通过拓展民意表达渠道，建立民主恳谈会、协商会等，充分征求和反映各治理主体诉求、处理诉求、回馈诉求。在这一过程中，要坚决摒弃基层政府权力包打天下的惯性思维，要抛弃村委会独断专行的人治思维，通过建构民主规范的互动协商机制，有效凝聚社会共识，画出最大同心圆。

2. 互动协商要坚持规范合法原则

权力与权利的互动协商不是无序的，要在法治框架下规制互动协商行为，确保程序正义合法。在多元主体协商的过程中，要严格遵守国家法律法规，遵照乡规民约、自治章程等契约性规范，遵循民事民办的原则，充分"依托村民会议、村民代表会议、村民议事会、村民理事会、村民监事会等"开展协商沟通，进而"形成民事民议、民事民办、民事民管的多层次基层协商格局"，绝不能使协商流于形式，更不能将行政权力凌驾于民主之上。

（二）健全科学有效的监督评价机制

权力是具有自我扩张属性的支配性力量，规范权力运行、加强权力监督是权力科学运转的根本选择。乡村基层社会是国家治理体系的"基座"，基层干部与群众关系最为密切，权力行使更为重要，但权力监督最为薄弱。鉴于当前乡村治理中存在的监督评价体系单向性、内容选择性、形式单一化等问题，必须建立健全监督评价机制，使治理主体的权力运行在阳光下、驶向公正处。

在监督体系上，要建构党内监督与党外监督相结合，上级监督、同级监督与民主监督相接轨的监督体系。乡村多元主体共治，多元权力交织，权力运行的监督存在复杂性，任何单一的监督力量都是难以奏效的。要坚持在党的领导下，统筹各种监督力量，形成内部监督与外部监督相结合，上级监督、同级监督与下级监督相衔接的监督体系。在村委会内部，要建立和完善村务监督委员会对村委会权力行使全方位、全过程监督；就外部而言，基层政府的监督、乡贤群体的监督、普通村民的监督等要相互衔接。

在监督内容上，要严格按照"四民主""两公开"，对属于自治范围内的、涉及群众利益的、依法需要公开的要全部公开，自觉接受村民及其他治理主体的监督，充分保证知情权、监督权。

在监督形式上，要丰富和拓展监督渠道。现代社会，互联网已成为人们生产生活、意见表达的重要载体和渠道，乡村社会可以探索网上公开和网下公开相结合，通过建立村、镇专属的微信公众号、官方微博等进行公示公开，保证人们随时随地能表达利益诉求和行使监督权。当然，建立权力监督体制机制的目的不是抵制或掣肘治理主体的权力，从根本而言，是为了规范权力运行，提升权力行使的合理合法性、公平公正性。

（三）完善多元高效的纠纷解决机制

多元纠纷解决机制的建构与完善源于乡村社会多元利益诉求和多变社会

发展的现实趋向。伴随市场经济向农村的渗透和城镇化的发展，乡村封闭自守的传统形态被打破，利益多元化、矛盾复杂化、社会多变性成为基层社会常态，单纯地依靠司法判决难以有效化解多元多变的矛盾纠纷，驱使建构多元化解纷渠道和机制。正当其时，最高人民法院出台意见，要求各级人民法院树立"国家主导、司法推动、社会参与、多元并举、法治保障"的现代纠纷解决理念。理念是行动的先导，乡村纠纷解决应依据基层社会发展和民众纠纷现实来探索多元纠纷解决机制。多元纠纷解决机制的建立应该延承和顺应多元治理规范、多元治理主体的现实境遇。民间规范作为契约性规范与国家法律相伴相生，在基层社会有很大的生长力，矛盾纠纷的解决既可以通过国家法寻求路径，又可以转向民间规范，寻找乡土社会内在调解力量和路径。运用国家法律解决矛盾纠纷是公民的基本权利，也是治理法治化的重要内容。当前，我国已经建立了一套可以广泛适用的解纷机制，主要包含诉讼判决和行政调解、司法调解等。行政调解和司法调解主要运用公权力化解调解基层矛盾纠纷，是以尊重当事人的意愿为主的定纷止争方式。相对而言，诉讼判决具有刚性特征，法律的权威很大程度上有赖于司法，乡村社会矛盾纠纷通过司法判决解决可以有力彰显法治权威，唤醒基层民众对法治的渴望和认可，促进基层社会稳定和谐。

当前，乡村社会的矛盾纠纷应当主动诉诸法律途径维护自己的合法权益，有效化解矛盾纠纷。同时，应当从乡村社会内部寻求建立矛盾解纷机制。一般而言，乡村社会矛盾纠纷细小而多变，且多为民事纠纷，因此从乡村内部寻求解纷渠道既能节约国家资源，又有更多的生长点。

第三节　规范农村群众自治制度

一、针对农村基层自治各项制度进行规范

基层群众自治制度的确立为人民群众依法行使民主权利、管理村庄事务提供了制度保障，有利于农村群众自治工作的规范化开展，依照法律规定参与对村庄事务的治理，让广大群众在行使民主权利时更有保障。

（一）对农村民主选举制度进行规范

进一步对农村民主选举制度进行规范，使村委会选举工作更加规范，选举质量也会逐渐得到提高，从而提高群众对民主选举的参与热情和参与程度，增强群众的民主意识，使其更加珍惜手中的民主权利。

为提高村民参与村委会选举的积极性与自主性，应不断总结农村换届选举工作中的经验和教训，进一步完善农村的民主选举制度：①需要完善关于民主选举的候选人提名和确定程序，增强群众对候选人的了解程度，完善公示监督制度，确保真正为村集体和村民利益考虑的人成为候选人，保障候选人的权利；②需要完善关于投票、计票等选举程序的详细规定，对流动票箱、委托投票等措施进行严格规范，使选举程序更加科学、合理；③需要完善关于村民对选举进行监督的相关制度，鼓励村民对村委会选举工作进行监督，如可以采取全程录像、第三方监督等措施，保证村委会选举过程的干净透明，保证民主选举工作的质量；④需要完善对影响和破坏民主选举行为的处置制度，对不适当手段和行为进行追究。通过惩处制度的完善，避免违法违规现象的发生，保障民主选举的规范化进行，保障村民民主选举权利的实现。

（二）对农村民主决策制度进行规范

实现农村事务决策的民主化、规范化是基层群众自治过程中的重要环节，是顺利实现民主管理的关键一步。村内事务决策关系到全体村民的利益，因此需要建立规范的、科学的决策制度。

第一，发挥村民会议或村民代表会议的作用，充分听取多数人意见进行决策，防止因为少数人的独断专行或管理决策上的漏洞而损害全体村民的利益。只要是关系到全体村民的利益的事项，如村集体经济的收益、村集体项目的承租和村集体土地承包，都必须提交村民会议或村民代表会议进行决策，根据多数人的意见做出最终决定，充分体现决策过程中的民主性，实现村民民主自治的规范化。

第二，在发挥村民会议和村民代表会议作用的同时，制定和完善民主决策的制度和章程，确保民主决策过程有章可循，防止有人利用工作程序中的漏洞。

第三，遵循全局性、实际性原则，对于决策事项，要认真调研，反复研究，要考虑到村子的当前情况、发展前景和村民的长远利益，因此村干部要不断提高自己的工作能力和工作水平，广泛听取多数村民的意见，最大化地保证决策的科学性和可持续性。

（三）对农村民主管理制度进行规范

实现基层群众民主自治就是群众自己的事情自己管理，将群众的想法用于村子的管理，使以往的为民做主变为让民做主，依法还权于民。传统管理方式中基层政府作为管理方，村民作为被管理方，基层政府直接领导村委，向村委下达工作任务，通过村委干涉群众自我管理的权利，引发干群之间的矛盾。现代民主管理方式的应用可以顺利解决这些问题，使乡镇政府和村委会之间处于平等互助的关系，这样更有利于工作的开展，也更有利于培养村民的民主管理意识。

实现农村事务民主管理的规范化、法治化，需要继续从以下几个方面进行改进。

第一，明确乡镇政府与村委会之间的关系。两者是平等互助的，乡镇政府是对村委会进行指导，而不是领导。村委会经常被当作乡镇政府的派出机构看待，不停地接受乡镇政府向下传送的工作任务，而影响到村子民主管理工作的实现。乡镇政府与村委会之间的关系被错误地定位成领导与被领导的关系，影响了农村民主自治的实现，与基层群众自治制度的要求不相符。基层政府应尊重村委会作为群众自治组织的权利，在工作中展现的是互助合作的关系。

第二，理顺村委会和村党支部之间的关系，明确各自的职能范围，该划分清楚的绝对进行明确，党的事务和村民自治管理不能弄混，该共同承担责任也绝不相互推诿，对村内的重大事务或涉及村民利益的事务，由村两委成员共同商讨处理办法，然后由村民会议或村民代表会议讨论决策，保证管理的公开透明。

第三，村干部要端正工作态度，转变工作作风，创新工作方法。村干部通过民主选举产生，政治素质过硬，威信也高。村干部在开展工作时应充分考虑并尊重群众的意愿，形成干群间的良好互动，如此村干部的民主管理意识、群众的参政议政意识都会得到提升，有利于农村民主管理工作建立起良好的秩序。

第四，建立和完善村民主管理的制度机制。细化村内事务管理的工作流程，对发生的违规行为或损害村民集体利益的行为进行处置。对村干部也可设置相应的评议体系，对不合格的干部进行调整。发挥村民会议和村民代表会议在村内事务管理中的作用，群策群力，重大事务的管理需要听取多方意见，同时可将村民好的意见和建议运用于村务管理中。

（四）对农村民主监督制度进行规范

民主监督是在基层自我治理的过程中群众对村内重大事务进行监督的制度。在基层群众自治的过程中，监督的缺失可能导致权力的滥用，权力的滥用必然会导致对群众利益的损害。因此，要健全农村的民主监督制度，确保群众的利益不受损害，推进农村群众自治的顺利进行，保障农村的和谐稳定发展。

从监督主体、监督对象、监督方法三方面采取措施，最终实现民主监督工作的规范化。

1. 明确监督主体

民主监督的有效开展必须依靠广大群众的力量，但是由于封建思想的影响，很多农民对村内事务都持事不关己、高高挂起的态度，导致民主监督的参与率低，监督力量不够，对村委会权力的监督存在空白地带。要实现真正有效的监督，必须培养村民的权利意识，让农民群众主动行使自己的监督权力，把村委会的工作放在阳光下，把村干部的权力放在监督中。

2. 明确监督对象

在对村干部和村委会工作的监督上，凡是涉及村民利益的事项都应受到监督，如村内事务、村级财务、干部作为、政策落实等，而且村内事务是监督的关键，村级财务是监督的重点。村两委班子成员，尤其是村两委主要负责人要自觉接受群众监督，以保证勤政、廉洁、群众满意。村委会需要主动公开相关工作，只有对所有可能出现问题的地方都监督到位，才能防止权力被滥用，才能保证村民的利益不受损害。

3. 明确监督的方法

可以设置专门的监督组织，如监督委员会，赋予农民合法的地位，并能够以适当的力量进行民主监督，村内重大事项的实施必须有监督委员会的参与，通过制度的完善，保障监督委员会对村内事务的参与权与知情权。同时，畅通民主监督和民意表达渠道，让违法违纪行为无处存在。

二、积极利用村规民约与道德引领

实现农村社会治理的法治化不能只是盯着法律、法治，而忽视村规民约与道德的作用。农村社会治理有相应的自律性、生活性、伦理性，在传统色彩浓厚的农村社会，民间纠纷的解决、社会家庭秩序的维护和权利义务关系的调整等，必须对传统伦理表示一定的尊重。在这种情况下，为更好地实现农村社会治理的法治化，必须积极发挥农村传统习惯与道德的作用。

（一）发挥以村规民约为代表的民间法的作用

在中国传统的法律体系中，除了由国家立法机关制定的正式的法律法规外，民间也有自己的规则和逻辑，也就是我们所说的民间法。民间法在民众日常的生产和生活中形成，由传统习惯演变而来，在特定区域和特定关系网内发挥着作用，对特定的状况进行着调整。但民间法并不是真正意义上的法律规范，虽然具有一些法律规范的特征，但不是法律。民间法作为制定性的规范，因制定机关的限制无法纳入我国的法律体系，但是民间法因与法律有着高度的相似性，而且与村民生活密切相关，可调整村民的日常行为，并在村民中间普及程度高，基本家喻户晓。我们所要做的是重视民间法存在的合理性，挖掘民间法在社会治理法治化工作中对法律功能实现的辅助作用，实现民间法与国家法在功能作用上的相互补充。在农村社会治理法治化的工作过程中，必须充分考虑到农村对民间法和传统道德的信仰，对民间法和传统道德采取宽容的态度，将其合理的部分吸纳为国家法的一部分，从而增强民众对国家法的信仰。

村规民约作为民间法的重要组成部分，因地域的不同而不同。各地村民在长期的生产生活中形成的社会规范，可以调整特定地域范围内人们的利益关系和社会秩序，体现的是传统法治中农村的自治性。传统农村社会治理依靠的规范是村规民约，村规民约和由特定机关制定的国家法律比较起来，因为其来自农村实际，所以具有针对性强的优势。但村规民约在应用过程中受到的限制不足，且村民自治的权力过大，可能因村规民约的针对性造成对村民普适性人权的伤害，在保证村规民约施行起来不违反国家法律的范围内，可以在一定程度上保障其作用和优势的发挥。例如，将国家法律规定进行细化，详细规定在农村自治过程中村民、村委会、村干部的权利和义务规范等。因此，在推进现代法治的过程中，要充分尊重村规民约的存在并保障其作用的发挥。

（二）发挥道德对法治的支撑作用

道德因素在农村社会治理法治化进程中的作用不可忽视，必须重视道德对法治精神的滋养作用，发挥道德基础对法治文化的支撑作用。提升农村道德水平与提升农村法治工作水平同等重要，都是推进农村社会治理法治化的基础性工作，道德建设与法治建设就好比鸟之双翼，缺了哪一样，农村社会治理的法治化都不能顺利进行。推进农村社会治理法治化工作，在提升农村法治工作水平的同时，更要坚持不懈地加强农村的道德建设，提升农村道德水平，实现农村社会治理过程中依法治理和以德治理的综合作用，营造农村良好的法治和德治环境。在坚定不移地推进法治教育的同时，强化道德教育，发挥道德的教化功能，努力保护和挖掘乡村原生态的自然资源和优秀的文化资源，广泛利用丰富多彩的农村道德传统和多样化的地方文化特色，破除封建迷信，扫除陈规陋习，推动农村环境和观念的革新。

三、规范政法部门的工作

法律的价值体现在法律的实施上，只有使法律的作用得以发挥，司法公正、执法严格，才能使法律的价值得到实现，树立法律的权威。行政执法机关和司法机关分别承担着行政执法和司法的工作重任，是法律得以公正实施、严格实施的重要保证。只有做到公正司法、严格执法，群众的合法权益才能得到维护，法律的实施才能得到人民群众的认可，法律的价值才能得到人民群众的承认；否则就会严重损害司法机关和行政执法机关的形象，损害国家法律的严肃性和权威性，损害公众对实现社会法治的信心。

（一）加强司法工作的公平公正

司法工作的公平公正是发挥法律作用的重要保障，是实现法律价值的重要保障，也是维护法律权威的重要保障。因此，我们需要努力让村民在每一个司法案件中都感受到公平正义。要实现司法的公平公正，必须在司法执行过程中坚持公平正义，这也是法律的根本要求。

（二）加强执法工作的严格严肃

严格执法是推进法治工作的重要保障，也是法律能够推行的保障。在农村社会中，农民能够与法律产生直接密切联系的就是与行政执法人员的接触。因此，对基层执法工作进行严格规范是树立公民对法律信仰的关键所在，也是推进农村治理法治化进程的重要举措。因此，严格规范执法工作要应从以下几个方面开展。

1. 明确农村基层行政机关在执法工作中的地位

明确基层行政机关在农村执法工作中的性质与主体地位是十分必要的，这也是能够切实维护农村村民合法权益的客观要求。要对农村基层行政机关的执法权进行整合与合理配置，在明确的基础上对整个农村事务的管理进行全面覆盖。覆盖的范围包括农业生产投入监管执法领域和农业生态环境资源保护监管执法领域。这两大领域直接关系到农产品的质量安全，也与农村的基本经济生活有着密不可分的关系，因此明确基层行政机关执法的地位，要做到执法无死角，并且加强执法工作人员在这方面的专业知识学习，做到执法的过程中确保行为的科学性与合理性。

2. 积极推进农村综合行政执法改革

从我国目前的农村发展状况看，执法机构的模式大致有以下几种。

（1）大综合执法机构模式

该模式是对行政处罚权进行集中的一种模式。根据我国现存的法律法规，将农村治理中所涉及的由农业行政管理机关、农村工商部门与质量监督部门所掌握的执法权都统一集中，将执法权交由一个农村行政综合执法机构统一行使，并且该机构有独立的执法主体地位。

（2）中综合执法机构模式

这种模式介于大综合执法模式与小综合执法模式之间。这一模式是将现存掌握执法权的且与村民生活紧密相关的领域的执法机构如植物检疫站等，与农村行政执法机构联合办公，统一行使有关的行政执法权。

（3）小综合执法机构模式

这一模式指的是农村行政综合执法机构统一行使本级行政机关所涉及的与村民生活相关领域的行政执法权，但是如植物检疫或者动物防疫等其他执法权则交由相关机构实施。

3. 提高农村基层行政执法人员的素质

在农村治理中，许多相关领域需要行政执法人员对专业知识有所了解，所涉及的执法依据具有法律性与专业性较强的特征，这也对执法人员的素质提出了更高的要求。在具备相应法律知识的同时，执法人员要具备与农业相关的知识，更要具备对应的思想政治品德素质，如此才能切实维护广大农民的合法权益。具体来看，提高农村基层行政执法人员的素质可以从如下方面开展：首先，严格实行职业准入与资格管理制度。对于行政执法工作人员的选用，要严格落实科学的选拔机制，在公平公开选拔的基础上，重点考核思想道德修养、科学文化水平、业务能力与法律专业素养，同时严格管理经过筛选后选拔的工作人员；其次，严格实行定期培训制度。执法人员要加强法律知识的学习，不断提升业务能力与业务素质。

4. 严格规范农村行政执法行为

针对农村行政执法行为要进行严格的规范，只有程序明确化、透明化，让行政行为在框架下运行，才能发挥执法权的作用，实现执法程序的价值。比如，树立实体与程序并重的执法理念，对于农村基层执法工作中的程序性问题，无论采取强制措施还是调查取证等都要遵守法定程序。针对执法过程中涉及农村村民自治的问题要严格遵循相关法律法规，并且做到表明身份与告知权利。与此同时，要建立健全农村相关的执法制度，健全办案制度与内部管理制度等。

（三）加强政法队伍建设

要做到严格执法、公正司法，必须从加强执法、司法队伍建设入手，提升执法、司法人员政治素质、思想素质和专业素质，提高执法、司法工作的能力和水平。

第一，要把思想政治作为队伍建设中的一项突出任务来抓，培养执法、司法人员坚定的信念、信仰，在工作中时刻牢记党的事业至上、人民利益至上、宪法法律至上。

第二，要把能力建设作为队伍建设中的一项基本任务来抓，坚持从打牢基础抓起，从加强学习抓起，不断提高执法、司法人员的专业知识素养和工作能力水平，以高标准的工作对党、对人民、对法律负责。

第三，要把作风廉政建设作为队伍建设中的一项重要任务来抓，身为执法、司法人员，一定要廉洁自律，不做违法乱纪的事，相关部门对执法司法过程中出现的以权谋私、滥用职权和腐败现象要严厉惩处，坚决杜绝司法官僚主义、司法特权主义和司法腐败现象的存在。

（四）划分农村村委会应承担的自治性事务与政府性事务

当前，村民自治实践主要体现在民主选举阶段，即自治组织的依法产生方面。所以，有一种普遍说法，即村民自治就是选举，这也是乡村社会治理实践中基层民众的切实体会。实现村民自治在法治轨道内的规范化运行，需要村民真正参与法律规定的所有自治环节及切实行使所有权利。具体来说，首先需要确定作为村民自治组织的村委会应该履行的法定职责，特别是明确区分村民自治组织自身法定职责与协助乡（镇）政府的活动，因为这两类工作具有完全不同的法律性质；其次在村委会法定职责范围内开展村庄治理活动，按照相关法律制度的规定，使村民真正进行民主决策、管理及监督活动。

村民自治组织在村庄治理的实践中承担着两类事务——行政性和自治性事务的处理职责。依法自治需要对村委会所处理的两种事务性质进行区分。

1. 村委会承担两类事务的困境

在村庄治理实践中，村委会在面对因行使自治权而开展的村庄事务管理活动与协助乡（镇）政府而进行的行政事务处理活动进行协调过程中，往往左右为难。具体哪些是村民自治组织应该协助的内容，哪些是乡（镇）政府不得干预的内容，法律没有具体明确。因此，实现村庄的法治化治理必须对以上两项内容进行明确的界定，既防止村庄自治事务被行政权力非法干预，又避免村庄自治组织懈怠协助行政事务在村庄开展或自治权逾越法律界限。

2. 村委会承担的义务性政府事务

村委会从法律性质上来说是群众自治性组织，然而从其法定职责的承担层面看则不仅仅体现自治功能。根据《中华人民共和国村民委员会组织法》相关规定，村委会应该承担的法定职责是执行以国家政权行使为表现方式的党和国家关于乡村社会治理的制度政策在村庄的落实。这些制度政策落实以乡（镇）政府对村庄下达的行政事务工作的形式在村庄出现，村民自治组织有义务承担。虽然《中华人民共和国村民委员会组织法》中没有明确村庄自治组织应该依法执行国家行政事务的具体内容和范围，但是全国人大做出的相关解释中对常见的村庄行政事务进行过列举。具体包括以下几个方面。①来自国家或社会的到村款物管理。②村庄土地征收以后出现的相关管理及补偿处理。在农村集体土地被征收后，其性质便出现变化，集体土地变成国有土地，但在国有土地投入开发使用之前仍然需要所在村庄进行相关管理。同时，土地征收过程中产生的各种补偿费用的数额的确定、管理和在农户之间的分配都得需要村庄自治组织具体执行。③关于政府在村庄开展的户籍、征兵和计划生育工作。计划生育政策在村庄的落实曾经是村级治理主体主要的也是具有很大难度的行政任务。当前，国家关于生育的政策已经发生巨大变革，加上当前乡村社会居民生育观念的转变，村庄自治组织基本不存在这方面的工作压力。④人民政府需要在村庄开展的其他管理工作。可见，当前乡村社会状况与该项法律解释制定时的情况有了很大的变化，除了第一、第二部分内容外，当初给村庄自治组织带来很大压力的税款代征代缴和计划生育的行政任务已经不存在。在乡村振兴战略实施过程中，第一、第二部分所产生的行政事务仍然是村庄自治组织的主要行政任务，特别是近些年的农村扶贫工作给村庄自治组织带来很大的工作压力。贫困户的识别确定、对驻村扶贫工作小组工作的协助配合等实质上都属于行政事务。在这些工作执行过程中，资金一般由政府提供，但是村庄需要投入一定的人力和物力进行协助，包括对村民进行国家政策宣传，为村民提供相关信息，教育、动员村民参与国家机关在村庄的行政管理活动。村民自治组织在履行法定的"协助"义务时，并不具备独立承担相关责任的能力，村民自治组织实际执行的行政事务一般由乡（镇）政府承担相应的责任。

3. 村委会的自治职责性事务

村委会作为自治组织，其最主要也是最重要的职责是通过行使各项民主权利对村庄事务进行管理，真正实现村庄自我管理、教育和服务。《中华人民共和国村民委员会组织法》规定村委会的自治职能包括以下几个方面：①负责村庄公共事务的办理、村庄治安维护、村庄纠纷的调解等。②对村庄经济与生产活动的组织及服务，具体包括对村庄集体经济组织自主权的尊重、家庭承包经营体制的维护，以及村庄各类生产经营主体合法权益的保护等。③对村庄财产、资源及生态环境的保护，具体包括对集体土地和村庄其他财产进行管理、引导村庄民众对自然资源与生态环境进行科学利用及保护等。④开展村庄精神文明建设，包括教育并推动村民遵守国家法律和政策、推动村庄文化科技教育、促进村庄之间团结互助等。⑤维护村庄和村民的合法权益。以上村庄自治法定职责主要是村庄民众通过村民代表会议以及村委会下设的各委员会进行决策并具体执行，而全体村民可以通过政务公开等各种形式对村委会及其所设机构进行监督。这些村庄自治组织的法定职责职能只能由村民自治组织行使，乡（镇）政府不能进行非法干预，包括不得强迫和包办。

（五）充分发挥村民自治权力机构的法定功能

在村民自治实践过程中，全国大部分地区农村虽然基本上都能实现民主选举，但是依法切实开展民主决策、管理及监督活动的村庄相对较少。造成以上问题的原因非常复杂，但作为村民自治权力机关的村民会议或代表会议在实践中处于虚置状态，并未发挥其真正价值是其中非常重要的原因之一，要使民主决策、管理及监督程序在村民自治实践中得到切实依法实施，就必须复活村民自治最高权力机关，使其真正行使职责，发挥价值。

1. 村民自治权力机构的内在价值

村民会议与村民代表会议由大部分村庄民众本身或民众通过依法选举产生的代表组成，因此具有作为乡村最高权力机关本身的特有价值。

2. 提升村民自治权力机构的价值实现

村民自治权力机构具有其性质所决定的本身价值，但是这种价值的实现需要各地农村根据社会、经济发展情况和民主政治基础的实际状况，以国家法律法规为基础，进行积极探索，确定具有地方特色的运行模式和路径，以促进村民会议或村民代表大会的价值实现。

（六）健全运行机制，保障村民依法进行村务治理

中国特色社会主义法治保障公民依法行使法定权利。从群体而言，农民是我国总人口所占比例最高的群体，该群体不仅为十几亿人口提供粮食和农副产品，还是其他各行各业主要劳动力的组成部分，农民群体合法权益的保护是我国公民权利保护的重要内容。村民自治制度赋予农民对村庄事务的依法治理权是法律赋予我国农民享受基本权利的重要组成部分。影响村民自治权利实现的主要因素在于村庄治理体制本身不够完善，因此应该从治理机制的内部和外部同时健全保障机制。

1. 完善村民对村庄事务治理权利的内部保障机制

首先，扩大村民对村庄事务治理的参与度。民主的广度是由社会成员是否普遍参与来确定的，民主的深度则是由参与者参与时是否充分，是由参与的性质来确定的。从国家法律法规、地方性法规，以及党与政府的各类规范性文件层面为村民参与村庄民主政治管理建构制度机制；使尽可能多的村庄民众直接参与村庄社会治理的全部环节，从形式到内容实现全方位的权利实施保障；健全和完善村民代表会议机制，使其成为村庄民众表达意愿、参与决定村庄重大事务和实现监督村委会职权的平台。

其次，健全村务公开制度。完善和健全村务公开制度，要求对村庄治理中与村民利益关系最为密切的信息内容进行及时且真实的公开，具体包括贫困户的确定与脱贫、低保户的确定、村集体经济收益的处分、进村国家项目款项的管理及使用、土地征收补偿、宅基地利用等村民关心的问题。同时，利用现代先进科技，特别是网络技术对需要公开的村务信息及时、真实发布。对村民就具体村务反映的意见和建议进行及时反馈，并以适当的方式公开反馈意见和后续处理结果。县乡两级主管部门对村庄信息公开实施情况进行严

格检查，使村务公开真正实现标准化和规范化。

再次，完善村务议事协商机制。村庄地域不大、人口不多的社会和自然条件适合协商民主的有效运行，协商民主的平等、包容和公开性也能得到较好的体现。村庄协商民主方式的采用能够促进农民群体的组织化，鼓励农民积极主动地参与村庄社会治理，保障农民有效行使村务治理权利。从协商民主的主体层面，应该更多地鼓励村庄各类组织以及现代新乡贤通过协商民主的方式参与村庄治理。落户在村庄的各类社会经济组织及其负责人和回乡的新乡贤在信息、见识、资源等方面具有独特的优势，在村庄生活的现实也增加了其参与村庄治理的积极性，因此应该借助各种协商民主形式充分发挥这些"非村民"主体在村庄治理中的应有功能。同时，要保证村庄内不同阶层、不同利益群体都能通过协商民主方式表达自己及其所代表的团体利益，在充分沟通的基础上通过博弈最终实现各方利益群体之间的协调。

最后，大力强化村务权力监督。村民自治框架内的村务权力监督原本应该只对村委会进行监督，基于当前村庄治理中主任书记"一肩挑"、两委交叉任职的情况，对村务权力的监督也包括对村党组织的监督。其中包括每年对村两委工作的审议及其成员的评议、对村庄内部重要事务运行过程，包括各种款项使用的村庄财务状况等重要内容进行公开。在乡村振兴战略实施过程中，由于落地村庄的项目越来越多，项目的发包、项目款项的使用等问题都是村庄群众最关心的事项。村两委应该主动对相关事项进行公开，上级部门也可以通过对专门事项的实施制定专门的运行规则，以便村民进行有效监督。

2. 健全村民村务治理权利的外部保障机制

除了完善村民自治制度本身对自治权保障的机制外，外部保障机制的健全也是有效实现村民村庄治理权利的重要途径。外部机制主要来自国家立法、执行及司法机构对村民自治权利的保障。

首先，国家立法机关对村民自治权利的保障。《中华人民共和国村民委员会组织法》第三十九条明确规定，地方各级立法机关都具有依法保障村民自治权利得以依法行使的职责；第十七条规定，针对各种不正当手段妨碍或破坏村庄民众自治权利行使的行为，县乡两级立法机构可以根据村民举报进行依法处理。法律对于立法机关赋予主动或依举报保障村民自治依法进行的权力和职责。

其次，县与乡（镇）两级政府对于村民村庄治理权利的行使具有保障责任。《中华人民共和国村民委员会组织法》第十七条针对村民对以不正当手段破坏或妨碍村民选举的行为向县乡两级人民政府举报的情况，规定两级人民政府必须进行依法处理。《中华人民共和国村民委员会组织法》第三十二条规定村庄民众举报村委会对相关信息公开不及时或不真实的，县乡两级人民政府或相关主管部门应该进行依法处理。

最后，司法机构对村民村庄自治权利的救济。诉讼是公民权利受到侵害时人们惯常使用的手段，随着乡村社会居民法律意识的提高，当村民对村庄治理的权利受到非法侵害时，通过诉讼方式对权利实现救济也开始成为村民的选择之一。

第八章

乡村振兴背景下农村法治化治理路径

构建具有时代和地域特色的农村基层治理机制与善治模式，对于推动乡村社会发展，进而建设和谐农村无疑具有十分重要的现实意义。依法治理体现了当前农村基层治理方式的诉求。由于农村基层的依法治理存在着应然与实然之分，这就需要我们尽量缩短应然与实然之间的差距，完成二者的统一。正是源于现今农村基层依法治理的种种实际，决定了探索推进农村基层治理法治化路径的必要性，以实现农村基层依法治理的实然向应然转变，使其充当法治中国建设的夯实者、先行者、领路人。

第一节　夯实农村基层治理的公共物品基础

改革的持续推进使得市场经济持续壮大，社会分工不断细化，社会阶层结构亦持续分化、多元。这一趋势为农村市场经济发展注入了源源不断的活力，但也带来了不稳定的因素。在发挥多元阶层对经济社会发展的能动作用的同时，还要消除其对农村社会的不稳定性，同样也离不开经济领域的发展与变革。如前所述，农村的公共物品涵盖了有形与无形两方面，它与农村社会整体利益密切关联。就我国的国情而言，努力做大经济"蛋糕"，是应对经济社会整体问题的首要法宝。同样地，做大经济"蛋糕"、夯实农村和谐的经济基础，是防范化解农村公共物品纠纷、增进农民切身利益的治本之策。

一、深入推进农业法治建设

（一）完善农产品价格保障法律制度

从对农业的支持和保护方面，可以起到推进农村法治建设的作用。在推进国家工业化的进程中，不少国家都意识到农业为工业化背负的重担、付出的代价，因而将加强农村法制体系建设的宗旨贯彻于制定系统的法律过程中。在农村，获取粮食等农产品是农民生产劳动的直接目标，其价格的高低也直接关系到农民的利益。因而，有必要转变当前主要依靠国家政策的方式，从法律规范的层面（如立法或修法）确立农产品价格保障制度，调动农民的积极性，实现农产品增产与农民增收的有机结合。此外，为更好地引导生态农业与循环经济的壮大，需通过颁行相关法律的形式协调农业与工业的发展。综合来看，农业法制体系是否完善直接关系着农业保护的效果，通过相应立法来保障农民利益，能有效地利用法律调控达到农业可持续发展的目标。

（二）完善农业保障法律制度

应制定农业保险法律，从法律层面确保农民利益，从而建立与农业相关的科技、法律、信息等服务性产业。要达到这一目的，可以从配套措施方面推进农村法治建设。在农村法治建设时注重采取配套措施，不能把农村法治置于孤立的环境之中，而应认识到其与整个法治系统中的其他子系统是相互交织、共同起作用的。这些配套措施主要体现为：首先，完善保护私权的法律制度，出台一系列有关保护私有财产的法律，从而为农民的生产生活提供保障；其次，进一步使自由、平等、法治等思想观念深入人心，使人们在具体的经济交往及日常生活中倾向于通过法律途径以保护自身权益。因此，思想理念的优势为农村法治建设夯实了思想基础，这有利于农村法治的发展；最后，重视公共教育及提高人口素质，丰富的人才资源为推进农村法治建设、实现农村和谐奠定了坚实基础。总之，上述各种配套措施的存在，为农村法治建设营造良好的外部环境，客观上会发挥推进农村法治建设的重要作用。

（三）制定《农业发展法》

应充分发挥农村土地与劳动力资源丰富的优势，适当开办符合当地环境要求的各类企业，达到工业与农业相辅相成的良好效果。在发展农村多元经济方面，应大力推进田、山集体开发，可采取对外承包、租赁或者由自身组织经营，提高村集体经济收入，进而拓展农民创业创新的新领域。如今，国家大力提倡创新创业活动，农村自然涵盖其中。因此，各村可以结合自身实际情况积极引导农民发展多元经济，结合自身实际情况，以农户、农户＋企业、合作社等形式发展现代养殖业、家庭工业，举办"农家乐"休闲旅游等多元经济模式，实现农民收入来源多元化。

二、健全农村利益协调机制

蛋糕的分配与做大同等重要。为此，需要健全利益分配协调体制。构建社会纠纷预防机制，应当根据我国社会结构和利益格局的变化，建立健全利益协调机制。这种机制与公共政策的实施具有正相关性。当前，我国社会结构和利益格局发生了重大变化，利益主体多元化，利益追求多样化，这客观上要求必须重视利益关系的协调，妥善处理利益纠纷。利益问题是催生农村纠纷最为直接的动因，在纠纷尚未出现之前通过利益协调实现利益均衡才是根本。我国现阶段农村存在的社会纠纷，追根溯源，与利益调节机制不完善有关。只有建立健全利益调节机制，才能有效消解各种利益纠纷，从根本上防止社会纠纷的发生。利益分配协调体制涵盖两大方面，即初次利益分配公平和再次利益分配调节。两者作为统一的共同体，相辅相成。初次利益分配公平是农民利益的重要保证，再次利益分配调节是以社会保障等方式进行的财富再分配，具有重要的调节作用。基于实际情况，健全农村利益协调机制应该从以下方面入手。

（一）建立健全利益分配机制

宏观层面而言，应完善社会分配制度，公平分配社会资源，共享发展成果。从农村现阶段实际出发，党和政府应通过建立利益分配机制，提高劳动报酬在初次分配中的比重，缓解收入差距过大的问题，这就必然要求保护农产品价格。农产品价格保障法律制度提供的是法律依据，利益分配机制则应建立合理的农产品价格补贴，扩大补贴的范围以及补贴的金额，确保不损伤农民种粮积极性。同时，也应当重视市场与政府的作用，即农产品价格过高时由市场进行调节；当农产品价格过低、损害农民利益时以政府调节为主。收入差距并不一定都会引发社会纠纷，只有分配不公平的差距扩大，才可能使社会纠纷激化。我国已经建立按劳分配为主体、多种分配方式并存的分配制度，目前关键是解决收入差距过大问题。建议逐步提高劳动报酬在初次分配中的比重，真正做到劳动收入与劳动贡献相一致。同时建立健全利益统筹机制。通过建立利益统筹机制，调动农民的积极性，并采取切实有效的措施，逐步缩小农民之间的不合理差距。应当看到，统筹兼顾有利于调动农村各方面积极性、维护人民群众的利益，这也是落实科学发展观的内在要求。

（二）建立健全利益补偿、平衡机制

国家、集体和个人因为不当行为，给他人造成损失的，也应当依法给予合理补偿。当然，利益补偿也不是无条件、无限度的，必须是合法的。而且，利益补偿也不一定都是物质上的补偿，可以是多样化的，它可以是经济利益的补偿，也可以是权利机会的补偿。利益平衡不是平均主义，而是要使收入差距保持在合理的范围之内，防止贫富差距扩大，解决贫富差距问题，实现社会财富共享。要依法保护合法收入，调节过高收入，取缔非法收入，扩大中等收入。促进利益平衡的方法是多方面的，关键是要使行政和法治相结合，其中税收是调控的重要手段，要进一步推进税制改革，加大税收调节力度，完善个人所得税制度。这就要求健全农民工工资体制，根据所在城市物价、平均工资等建立合理的农民工最低工资保障。此外，该机制的健全还反映在农民的社会保障上，要健全农村社会保障，使其逐步与城市接轨。由于城乡二元体制的长期存在，我国农村的发展始终低于城市发展，而城乡的社会保障也出现这种趋势。因此，国家应当在宏观层面上，积极完善统筹合一的城乡保障制度，加大对现有农村的财政投入，为农村提供必要的公共物品支持，从而尽可能地降低农村基层治理出现公共物品纠纷的可能性。

三、完善农村利益表达机制

利益表达指的是公民向政府提出的利益要求，并且这一要求得到满足的行为体现。应当看到，利益表达往往是通过一定的机制实现的。因此，表达机制就是让不同的社会利益群体有表达自己利益诉求的正常途径。在农村无形公共物品（特别是公共政策）引发农村纠纷的情况下，特别是在社会剧烈转型的当下，恰当的利益表达机制尤为重要。然而，客观地讲，当前利益表达机制的建设还滞后于社会成员各异的实际利益诉求，这给保持社会稳定带来了障碍。因此，建立有效的利益表达机制，既是我国深入推进各项改革的必然需要，也是实现农村善治、构建和谐农村的关键步骤。尽管当前各利益主体、社会阶层之间的利益冲突大多属于人民内部纠纷，属于非对抗性的。

但是，新形势下社会纠纷具有相当的复杂性，波及面广，如果这些纠纷得不到及时处理，就有可能演变为对抗性的纠纷。和谐社会也不是没有纠纷的社会，而是一个不断化解纠纷的社会，利益表达机制正是能为消解纠纷发挥作用的一大力量。

在社会处于转型期的当下，社会阶层地位和利益关系主体都在发生深刻的变化，由此带来的利益冲突在所难免。应该说，社会结构性变化带来的纠纷与问题主要集中体现在利益的差别、纠纷上，这就使各利益主体的诉求需要得到充分表达。特别是弱势群体的利益表达问题，已经是一个无法回避的问题。因此，要进一步完善人民代表大会制度和政治协商制度，加强人大代表、政协委员与一般民众的联系，适当增加农村代表的名额，让他们代表农村民众表达诉求，以疏通弱势群体的利益表达渠道；充分发挥工会等带有官方性质的群众团体在利益表达、维护包括农民工在内的职工合法权益、参与劳动纠纷调处等方面的功能和作用；加强不具有官方性质的社会组织建设，为一般民众提供更多、更直接的利益表达平台；改革完善听证制度，扩大听证适用范围，完善听证规则和程序，增加听证代表特别是弱势群体的代表。

当然，在用制度安排来容纳和规范利益表达的同时，从利益表达者来说，提高利益表达的理性化程度也是至关重要的。此外，还应研究如何提高社会的组织化程度，建立更多的经常化、制度化的利益表达渠道。如建立健全信访、社会协商、对话、听证等法律法规制度，形成畅通的社情民意反映渠道，健全人民群众利益表达机制，引导人民群众以理性的、合法的形式表达其利益要求。坚持"倾听"与"疏导"的原则，尽可能地把纠纷化解在基层，把问题解决在萌芽状态。依法、及时处置群众的合理诉求，平衡群众心理，理顺群众情绪，化解群众的怨气。

四、引导农民自觉践行法治

法治信仰是另一类无形公共物品（即公共政策）有效制定并实施的前提。培育法治信仰需要从法治认知和法治情感角度出发把握"知"，从官方与民间两层面着手示范"行"，真正实现"知行合一"，形成法治为人们高度信仰的局面，以推进农村基层治理法治化。

（一）重塑法治之"知"

此前人们尤其是农民对法治之"知"的认识是片面的，因为他们的认识基本停留在法律知识层面，而对法治意识及情感却未能形成认识。就此而言，只有通过重塑人们对法治之"知"的认识，育成法治信仰，使农民在面对纠纷时首先想到的是寻求法律援助，为推进农村基层依法治理提供观念支持。经过长时间的普法，法律知识的宣传教育工作成效很大，村民的法律知识已不可同日而语，但这与实现农村基层依法治理还有较大差距。在继续大力宣传与农民切身利益相关的法律法规（如有关土地承包与征用，宅基地、土地入市的法律规定）基础上，要着重树立村民的法治意识（规制公权力、保障私权利），促进农民积极主动监督公权力的行使与保护自己的权益。通过法制宣传、教育，使广大村民既知道法律具有强制性，又善于行使个人的众多权利。综合现实来看，村民对法律法规的学习兴趣、监督权力行使的积极性与是否涉及自身利益直接相关，这启发我们在进行法治宣传教育时务必想方设法引进丰富多彩的教育形式与人们喜闻乐见的方法，使广大农民意识到它与自身利益的相关关系。

（二）示范法治之"行"

实施是对法律的基本要求，作为更高层次的法治也必然有此要求。法治之"行"在于使官方与民间两层面实现自觉依法办事，特别是农村基层的领导干部带头守法，能对农民产生正面而又积极的示范作用，从而为推进农村法治建设积蓄力量。要发挥基层干部在农村基层治理法治化的进程中带头、示范作用，就应该做到：一是端正对法治及法律的态度，只有深刻认识到法在农村基层治理中的作用并坚决地以宪法、法律作为自己的根本活动准则，才能确保法治落到实处，从而在农村营造崇尚、遵守法律的良好氛围，真正对农民产生积极的带头、示范作用；二是强化农村干部的法治培训、考核和监督，积极增强其践行法治的能力、探索法律素养的途径，建立定期法治水平考核机制并适时优化考核内容、方式、标准、奖惩等，注重完善监督体制机制，增强监督成果实效，使遵纪守法成为内心深处不可逾越的底线、红线。

综上，法治信仰对于推进农村法治建设发挥着思想上的"基础工程"性作用，它的缺失越发成为实现农村基层依法治理的一大障碍。因而需要培育公民对法治的信仰，以夯实农村基层依法治理的无形公共物品基础。由于法治建设只有进行时而没有绝对的完成时，因此，注定了农村法治建设是一个漫长的过程，同时也注定了农村法治信仰的培育工作应常抓不懈。当然，这并不意味着农村基层治理法治化单靠法治信仰即可，因为农村法治建设亦受其他多方面因素的制约。

第二节 盘活农村基层治理的公共资源收益

农村公共资源不但在农民日常生产生活中具有不可替代的作用，而且亦为引发农村纠纷的重要因素。目前来看，除环境问题外，产权问题是引发农村公共资源纠纷的核心原因，它容易加剧农民事实上的贫困，进而影响农村的和谐、稳定。对农民而言，农村产权制度的主要对象涵盖了承包地、宅基地、林地及其他集体建设用地等。因此，要积极构筑符合时代发展的"归属清晰、权责明确、保护严格、流转顺畅"的产权机制，让农民在拥有较为完整产权的基础上得到切实利益，这是农村公共资源治理的应有之义。一言以蔽之，农村产权与集体所有制联系密切，改革农村产权制度既是化解农村公共资源纠纷的重要途径，也是保持农村利益均衡、增进农民权益的有力举措。

一、改革农村集体产权制度

改革农村集体产权制度是深化农村改革的重要环节，它对发展农村集体经济、提高农民财产性收入、保持农村利益均衡具有重大意义，能从源头上降低相关纠纷发生的可能性。为满足农民权益增长，从制度层面做好防范化解纠纷的顶层设计，需要积极做好以下工作。

（一）合理明确农村集体经济组织的成员资格

由于集体产权改革与其成员利益密切相关，因此，在推进这一改革过程中必须对主体是否属于该组织成员作出明确回答。同时，要关注以外嫁女为代表的特殊群体的成员身份界定问题，对她们的权益应切实予以保障，以防利益分配不公的现象发生。

（二）强化农村集体资产股权的管理

农村集体产权改革的一大效果就是资产变股权，农民将拥有相应的持股比例。这就意味着在改革过程中，必须强化股权管理。现实生活中，已有多地出台了本地的指导意见。从有利于减少纠纷发生的角度看，制定、出台统一与规范化的管理办法无疑是当务之急。如此一来，通过股权管理推进集体经济发展，这必然会提升农村公共资源的利用效率，增加农民收入，增进农村公共利益，为减少农村纠纷提供保障。

（三）构建集体建设用地的流转制度

集体经营性建设用地入市是党和国家的既定方针、政策，是此次改革试点的主要内容之一，它同样与农民权益联系密切。从激活农村经济活力、维持农村和谐与稳定看，这是必要的举措。农村进行改革的目标之一是推进建设用地的流转，扩大农民权益。

（四）利用集体建设用地建设租赁住房

村镇集体经济组织可以自行开发运营，也可以通过联营、入股等方式建设运营集体租赁住房。这种方式可兼顾政府、农民集体、企业和个人利益，理清权利义务关系，平衡项目收益与征地成本关系。利用集体建设用地建设租赁住房是中国土地制度的重大变革，意味着以后"土地改革有巨大的空间"，意味着政府向社会大规模转移土地红利，也意味着一大批低成本土地入市，由此产生一大批低成本房屋，对于抑制高房价、高租金将产生作用。

二、完善农村土地征收制度

完善土地征收制度解决的是直接涉及农民利益且容易产生农村纠纷的现实问题。应该说，土地征收制度改革是中央大力推进农村土地改革试点的主要内容，它经过实践证明是可行的，有望成为帮助农民分享更多财产红利、提高农村财产收益的制度支撑。针对土地征收带来的种种问题，应通过完善农村土地征收法律制度的方式，达到从制度上防范化解此类纠纷的目的。其中，严格界定征收范围与补偿标准是核心举措。

（一）严格界定征收范围

关于征收范围，应当在现有的法律体系（主要是《中华人民共和国宪法》《中华人民共和国土地管理法》《中华人民共和国农村土地承包法》等）中明确"公益性"征地和"营利性"征地两类性质不一的具体范围和征收途径，即把征地目的严格限定成为增进公共利益，并且以列举的方式加以说明，以防因法条的模糊性带来新的问题。

（二）严格界定征收补偿标准

关于补偿标准，应当采取市场经济规律和价值标准相结合的方式定价，并将其写入具体的土地征收操作规范正式文件中。征收土地的补偿以市场价格为标准，是市场条件下等价交换规则的基本要求。当然，该补偿改革并非单纯提高补偿标准，尤为关键的是应该健全相关的补偿机制，使补偿机制有可持续性的运行和保障体系支撑，这对失地农民来说显得更为重要。

（三）慎重对待宅基地的征收

宅基地使用权是法律明文规定的一项用益物权，具有私人财产权的性质，它也属于农村土地征收的潜在对象，且它的征收较之其他征收特殊性更强。例如，除了同样需要限定征收范围以及合理确定补偿标准外，该征收还需对地上附着物（主要是房屋拆迁）进行补偿。首先，在房屋拆迁过程中，被拆迁房屋农民的安置补偿范围需涵盖房屋的自身价值、安置补助、其他经济损失等。其次，由于程序公正方能保证实体公正，因而补偿程序的正当性也是需要关注的内容。这就应该赋予当事人尤其是农民相关参与权、救济权等，因此从保障被征收人的参与权利出发，在整个过程的核心环节（如立项、规划等），应积极建立健全听证制度。最后，应逐渐改变农民宅基地流转严格受限的传统做法。

三、积极推进农村环境治理

农村环境资源保护不到位的现状，决定了加强农村环境保护法治建设的必要性。在农村环境保护的法治建设上，既要抓国家层面的法律制度建设，做好全国农村环境保护的顶层设计，建立健全农村环境保护的相关法律制度，也要多措并举，提升农村环境保护的主体（村民）的环保意识，从而促进农村基层治理法治化，建设美丽乡村。

1. 完善农村环境保护法律制度

在建设法治农村、美丽乡村过程中，完善的农村环境保护法律制度是推进农村环境保护法治建设的基本要求之一。就目前而言，主要从施行并健全我国现有环境保护法律制度和建立健全农村环保法律体系两方面着手。

我国现有的环境保护法律制度，是以环境保护基本法为核心构筑起的法律制度，它针对的是涵盖农村在内的全国环境保护问题。然而，环境保护基本法与农村环境保护的需求之间存在很强的不适应性。因此，应积极发挥环保基本法对治理农村环境污染问题的重要作用，同时应完善环保基本法关于农村基层治理农村环境污染问题的规定，逐渐扭转轻视农村环保立法的传统。总而言之，施行并健全我国现有环境保护法律制度，有利于从顶层设计着手依法治理农村环境污染问题，构筑一个较为完善的、独立的农村环保法律体系。

2. 提高村民环境保护的法律意识

农村环保法治实践，既需要较为完善的环保法律制度做支撑，又离不开村民的积极参与。由于村民的行为深受习惯和传统的影响，因而与城市环境治理相比，农村环境的难以监管特性更为明显，这就意味着农村环境保护离不开村民相当程度的认同与自愿。就此而言，提高村民的环境保护法律意识是今后依法治理农村环境问题的重要措施。一方面，应加强村民普法教育及环保宣传。在保护农村环境中，村民是最广泛的主体，因此，假若村民接受到位的普法教育及环保宣传，广大群众认识到保护生态环境的重要性及其相关权利义务，那么就有利于激发村民自觉保护农村生态环境的积极性。基层政府及其职能部门应树立农村生态环境保护与经济发展同等重要的可持续发展理念。在解决环境污染问题时，应重视村民表达的意见，与村民进行多种形式的沟通交流，寻求农村经济发展与环境保护的最佳结合点。在对村民进行普法教育及环保宣传的过程中，应采取有效、恰当的方式方法，例如，通过电视、广播、报纸等传统媒介，推进环保与环境法律知识的宣传。以农村发生的环境污染具体事件为例，可通过运用图片、实地指导等宣传方式，达到更好地指导农民做好污染防范的效果。另一方面，应引入村民参与农村环境保护的利益机制。毫无疑问，利益机制的引入有助于调动村民投入环保的积极性，对利益的追求构成了村民参与环保的根本动力。鉴于各地农村环保存在的差异及地方立法主体拥有的环境保护立法权限，建议由各地的立法主体（如各省市、设区的市的人大及其常委会、人民政府）制定出适合本地区实际的环境保护利益分配与再分配规定，以地方性法规、规章的形式实现该利益的统一调整。

第三节　保障农村基层治理的公共服务供给

针对农村公共服务纠纷的内容、特点，强化农村整体意义上的法治建设、完善法律服务体系，是实现善治的应然路径。农村基层法治建设是否到位，关系到消解农村纠纷效果的好坏。在纠纷爆发时，假如纠纷当事人都能具备较高的法律素养，同时存在相应的组织及法律支持力量，能发挥村规民约在化解纠纷中独特的作用，那么就可以在很大程度上实现及时、有效处理纠纷。总的来看，在法治的框架下加强基层组织建设、充实法律支持力量及重构村规民约，有利于促进基层纠纷化解运行机制更加规范，有利于直面纠纷并依法、理性化解农村纠纷，进而使农民权益得以满足，保持农村社会和谐稳定。

一、加强农村自治组织的制度建设

农村基层自治的制度建设，主要从完善村民自治制度、重构村规民约与推广村务契约化治理模式等方面开展工作。

（一）完善村民自治法律制度

村民自治法律制度的完善，离不开相关立法。客观地讲，当前的村民自治法规中仍然有着治理不彻底的问题，"两委"不协调及"乡村"关系不协调等问题。这既与农村基层依法治理不协调，也不利于农村基层依法治理的深入推进。

1. 和谐村"两委"关系

一是明确村"两委"之间的职权范围，坚持村党组织领导下的村委会自治。在村民自治的实践中，导致"两委"关系不协调的主要原因就是《中华人民共和国村民委员会组织法》对二者职权范围的模糊规定。一方面，村党组织的领导地位是由《中华人民共和国村民委员会组织法》确认并保障的，村委会应自觉接受村党组织的领导，以保证村民自治的正确方向。另一方面，村委会的自治职能也应得到保障，村党组织不能包揽具体村务，也不能限制村委会作用的发挥，干预村民自治权。村委会则应服从党的领导，加强与村党组织的沟通、交流，实现互相配合，通力协作；在管理村具体经济事务和其他公共事务时，注重召集村民会议，提高村务工作的参与度、透明度。

二是加强村"两委"能力建设。由于村务公开离不开村"两委"的积极推动，因此要加强"两委"班子建设，增强其自觉依靠法治的意识。村"两委"上连政府下接群众，是开展农村基层治理的领导核心，要通过有效的选举，把一批法律意识高、工作能力强、农民信得过的人选纳入党支部和村委会集体。一方面，应完善农村基层治理的规章制度，加强农村基层治理骨干的法律思维与方式的培训教育，增强法律意识，把农村社会稳定工作与当前农村各类纠纷联系起来，增强依法解决农村纠纷的能力；应完善行政问责制，例如引咎辞职、罢免等，保障对基层干部的监督切实有效。另一方面，应提高"两委"干部素质。对村党组织而言，应提高自身的领导水平、改善领导方式，强化执政能力建设，加强对村委会的监督。村党支部书记应带头提升自身综合素质，不干预村具体的事务性工作，如此才能发挥领导核心作用，同时亦将大幅提升自身在群众中的形象。对村委会而言，应切实管理好具体村务，村委会主任及其他成员要不断提高自身的素质，增强依法办事的意识，提升民主自治的能力，牢固树立坚持在党的领导下工作的思想，提高在党的领导下开展村民自治的政治觉悟。乡镇党委要组织村委会主任、党支部书记集中培训，使他们对村民自治以及"两委"关系形成正确认识，教会村干部在实践中正确认识、把握和处理"两委"关系，从而有效地避免实际工作中的不协调。

2. 和谐"乡村"关系

一是明确"乡村"各自的职权范围。按照《中华人民共和国村民委员会组织法》的规定，乡镇政府与村委会的关系并不是上下级的行政隶属关系，基层政府不得干预村委会对村务的自我管理。由于该规定过于粗线条，导致现实中二者关系不尽和谐，因此必须从制度层面将二者的职权范围界定清楚。

二是转变政府职能。"小政府、大社会"的治理模式要求政府在社会治理过程中充分发挥社会的作用。具体到村民自治中，政府就应由过去的过多干预向尊重、指导村委会转变。一方面，为了有效地进行自我管理，村委会在自治过程中必然会遇到一些需要乡镇政府加以指导的事务，但是这种指导并不是将村委会看作下属机构而下达的行政命令，而是在尊重村委会自治权的基础上，对村委会独立开展群众自治工作进行指导。另一方面，村委会应加强自身建设，积极履行协助乡镇政府工作的义务。村委会在依法行使自治权的过程中，要积极协助乡镇政府开展工作，向村民传达并保障落实相关方针政策。这就对村委会自身能力提出了要求，广大村民及村委会干部应学会如何行使公民权利，为乡镇政府开展工作提供支持。

综上所述，在推进农村法治建设的进程中，需要理顺"乡村"关系，假若"乡村"关系持续不和谐甚至矛盾尖锐，就不可能真正实现村民自治，进而导致包括农村法治建设在内的各项变革都将难以有效推进。当然，需要认识到的是，完善村民自治法律制度是契合农村法治建设要求的渐进的过程，需要付出巨大的努力，而不可能一蹴而就。

（二）重构村规民约

在推进农村基层依法治理过程中，应该关注村规民约的重要意义。简单说来，村规民约就是指在农村及农民间都需遵循的行为规范，它在规范农民行为，保护和利用农村公共资源，化解农村纠纷，保障农民权益及农村稳定等方面有着重要的作用。

以往的村规民约客观上还有一些与正式法律冲突之处。因此，要想充分体现村规民约在推进农村基层依法治理中的重大作用，就有必要重构村规民约，使其与国家法及农村发展变化的实际更加匹配，以夯实农村基层依法治理的制度基础。毫无疑问，它的重构最关键的就是要处理好与国家法之间的关系，即尽量避免出现与国家法之间相冲突。应该说，在农村基层依法治理视域下，它们处于一种在自身领域互不干涉，共同积极地推进农村整体建设状态中。但是，村规民约必须主动调整自身的内容，以符合现代法治精神。

（三）推广村务契约化治理模式

该种模式是遵循特定的程序，借助合同、协议、纪要等方式，以厘清村组织、村干部、农民之间的关系和村级事务的全部内容为条款形式的长效治理制度，目的是使村级事务管理公开透明、权利义务明确、执行有据、运作规范。该模式将村级公共事务与各主体的权利义务等确定下来，其内含的契合法治的契约精神得以运用于治理方式创新之中，为农村基层依法治理提供了互相制约、平等互利的平台。但是，该模式也存在着各类问题，为此需要予以完善。

1．规范契约文本

实践中，限于各方面的条件，当事方所签的契约文本存在内容和程序混乱，甚至违反大政方针等不规范的问题。为此，应规范契约文本，做到在内容上与国家法律制度及政策相一致。例如，就农村公共土地资源而言，可邀请相关专业人员参与到拟定契约的过程中来，使契约文本的各项条款符合相关规定，以防日后出现纠纷或日后便于解纷。

2．完善村务公开制度

农村基层治理的对象是公共事务，村务契约化针对的也是公共事务。可以肯定，村务公开是一种强化监督的方式，有助于村务的契约化治理。为此，村"两委"要进一步完善公开的内容、程序、机制，实行村务党务财务上墙公开、群众例会公开，使村务公开成为常态。尤其是在提供公共服务、利用公共资源和新农村建设中，多种优惠措施与支农拨款、来自各界的扶持资金与相关项目等事项，应实时置于村务公开的范围之中，以达到农村公共事务的治理。

3．提升农民参与能力

村务契约化治理模式不是农村精英的"独奏"，而是农民的"合唱"，要让更多的农民知晓并切实参与进来。应当注意的是，限于自身参与能力的不足，导致很多农民并不热衷参与该模式。因此，村务契约化治理模式的推广，必须提高农民的参与能力。例如，在对该模式积极宣传的基础上，应有针对性地举行各种增强农民参与能力和技能的教育，制定相关培训制度。这样不仅能加深农民对该模式的理解，而且有助于提高农民参与村务契约化治理的素质和能力，便于对各类公共事务的有效治理。

（四）建立村务监督委员会

根据权力分立与制衡的基本原理，村民自治组织机构中权力、执行和监督机构应该分化，可考虑设置：权力机构——村民大会（村民代表大会）；执行机构——村民委员会；监督机构——村务监督委员会。建立村务监督委员会，是健全基层民主管理机制的探索性实践，对于从源头上遏制村民群众身边的不正之风和促进农村和谐稳定具有重要作用。

二、提高农村民间组织的服务能力

根据现行法律的规定，村委会是唯一的组织载体。由于该规定的国家强制性明显，因而不具有自治的根本功能——自我选择。换言之，村民很有可能无法按照自身的利益诉求选择契合自己的自治模式。为提高自治的效率与灵活度，应在坚持将村委会作为村民自治基本载体的基础上，允许农民认可的民间组织以非基本载体的形式出现。因此，在宪法层面，应明确村委会作为基本的主要的基层群众性自治组织，实现村民自治多元化；《中华人民共和国村民委员会组织法》则进一步就此类组织的设立、权利、义务及责任等做出规定，实现有法可依。

随着经济社会的快速发展，农村地区逐渐出现了越来越多的民间组织，如各种公益性的理事会、社团等。应该说，农村民间组织不仅有利于推进农民合作、促进农民增收致富，而且也对农村基层治理产生深刻影响。但是，当前民间组织面临着相关法律法规不完善、政府管理和控制过严及自身发展能力不足等困境。因此，为彰显农民个体价值与维护农村社会稳定，有必要发展、依靠基层治理法治化的第三种力量——民间组织，通过运用法治的思维和方式化解纠纷，推动农村民间组织服务能力得到进一步提高。

推动民间组织参与农村基层治理，完善法律法规是基础，发挥服务功能是重点，加强引导扶持是关键。法治建设是保证农村民间组织发展的重要前提。针对当前法律对民间组织登记注册规定不合理、受全国统一管理制度制约等问题，因而应当着力完善以下几个方面的法律制度：一是制定专门针对农村民间组织的相对独立的法律规范，建立起有别于城市的农村民间组织法律规范体系；二是要改变管理体制，降低准入门槛，以激发农村民间组织的活力；三是着重发挥民间组织的服务功能。农村民间组织应充分利用其服务成本低、效率高的优点，通过个性化供给的方式，提高其服务农村与农民生产、生活的能力，提升参与农村基层治理的水平。四是基层政府应加大引导与扶持力度。现实中民间组织遇到的种种问题（例如资金与实践操作能力不足等问题），政府理应采取转变服务理念、财政经费适当倾斜、加强指导工作等措施，通过政府购买服务的方式来促进农村民间组织的发展和完善。

此外，应着力建设沟通平台，助推民间组织规范发展，发挥民间组织在纠纷调处中的重要作用。同时积极调动农村精英参与农村基层治理的积极性，以促进纠纷的消解。例如，农民通过推选代表以及制定运行章程的方式，成立全新组织－理事会，以达到加强监督村干部，甚至确保公共物品、资源与服务供应的积极效果。作为基层民间组织的一种，具有阳光、透明运行机制特质的理事会可在治理农村公共事务、协调各方纠纷主体关系等方面发挥独一无二的作用。再如，为防范农村公共服务纠纷的发生，可以在各村设立党政公共服务站，以更好地满足农村的实际需要。总之，采取增强政策扶持力度、强化政府引导发展服务，壮大农村民间组织，吸引农民积极参与村务治理，为农村的发展增添新的动力和活力，促进农村民间组织与村级组织和基层政府的有效交流，以更好地实现农村善的治理。

三、完善农村法律服务的体系建设

目前，我国农村的公共法律服务体系仍有诸多不足，如农村司法服务机构不健全、提供服务的相关人员量少质弱、审判与行政机关的支持力度有所欠缺等。农村司法和法律服务的这种现状明显滞后于农村纠纷突发的趋势，在一定程度上，也使得农村基层的社会纠纷更加复杂化，对采用非理性的方法来解决社会纠纷起到了一定的助推作用。因此，完善农村司法机构和法律服务体系就成为有效化解农村基层社会纠纷的重要路径选择。

（一）完善农村法律机构设置

农村法律服务是否到位，在很大程度上取决于相关法律机构是否健全，例如人民法庭、公安派出所、司法所等。因此，在基层相关党政机关的协调下，尝试将农村司法机构与村自治组织联系起来，通过发挥基层司法机构在处理纠纷时的优势，实现基层司法的行政职能向村自治组织下移。目前，多地将此定位为本地的工作要点，积极开展这一工作并取得了良好效果。例如，通过在村委会设立法律服务站的方式，使得司法的行政职能直接延伸到最基层，这样既便于将法律服务送到人们面前，就近、便捷地满足群众的法律服务需要，又有利于实现"纠纷不出村"，促进平安农村建设。此外，还可以通过放宽条件的方式，在农村地区组建个人律师事务所，同时，引导城市里的律师事务所以多种形式为农村提供优质法律服务。这样一来，有利于构建起集法制宣传、调解及法律维权等于一体的农村综合法律服务体系。

（二）加强农村公共法律服务队伍建设

有效的农村公共法律服务，除了必须具备法律服务机构外，还离不开高素质的法律队伍。因此，应由政府主导，利用市场与社会资源，吸纳专家、志愿者甚至高校法学专业学生组成综合法律专业队伍，实现农村公共法律服务供给主体多元化，从而构建起由多种主体组成的层次分明的公共法律服务队伍。例如，维持一支稳定的法律服务队伍，着力促成律师、法律工作者等法律服务人员主动加入农村公共法律服务中，对于积极参与农村公共法律服务体系建设的机构和个人给予表彰，充分调动其积极性。还可以加强农村执法队伍建设，探索设立专门的纠纷调解员和治安队，同时大力开展村民互保和治安巡逻防范，对潜在的违法犯罪主体形成较强的威慑，维护农民的人身财产权益，从而尽量地避免发生各类权益纠纷。

（三）整合资源，完善农村法律援助制度

它是一种致力于维护社会公正与和谐的救济制度，能够最大限度地保护农村弱势群体的利益，对促进农村纠纷的化解具有重要的意义。该制度的完善，应贯彻向农村与农民倾斜的方针，基层政府应强化相关财政支持，实现专款专用，并简化程序，以提高办案效率；推进基层司法有所发展，使其成为开展相应法律援助工作的重要帮手；在基层政府牵头协调下，组建由基层公安、司法、律师等兼职组成的义务支援团，推动法律援助常态化，引导农民自觉运用法律维权的意识。

第四节　完善农村基层治理的多元化解机制

基于农村社会纠纷不断显现且体现出日趋尖锐化、复杂化特点，而既有的农村社会纠纷消解机制无论在理念上还是在实践上都存在着诸多困境的现实，必须致力于完善农村纠纷多元化解机制，而不应重复过去那种"先纠纷、

后化解""先冲突、后治理"的后发维稳机制。综合而言，程序法治可以通过保障公民实体权益、维持利益均衡，消解各种纠纷，进而建设和谐、法治农村。倘若没有一套稳定的、具有普遍约束力的、不以领导人意志为转移的机制，那么农村社会纠纷将难以得到较为彻底的协调、处理，甚至会引发新的纠纷出现。

当前，保持农村和谐的内在生命力就体现为构建起良好的平衡农村利益与消解农村社会纠纷的机制。应该说，建立并完善这一机制对于维护农民权益，加强和改进农村基层治理，促进社会和谐稳定具有重大意义。因此，针对如今农村纠纷激增的实际，应努力寻求消除各种纠纷的途径与措施，完善多元调处制度，积极推动各方党政机关与组织发挥重要作用，综合运用多种手段和方法，将农村纠纷化解置于有序的机制中。从理念及实践的角度看，这一机制应该体现为以保障、增进农民权益为核心，以发挥农村党政机关引领作用、完善农村多元便民调解机制与农村土地纠纷仲裁制度、建立农村便民诉讼联系机制及建构农村纠纷行政化解机制等为内容，以独立的司法制度为最终救济手段，以"以人为本"为终极价值追求的法治理念与制度。

一、发挥农村党政机关引领作用

推进农村基层法治建设是完善党的基本执政方式的体现，是"法治中国"建设的重要内容。推进全面依法治国，必须"要推动顶层设计和基层探索良性互动、有机结合"，这既表明顶层设计在推进依法治国中的重要性，也宣示了基层的"先行先试"对"法治中国"建设的重要作用。

（一）完善党的领导

党的领导是我国法治建设最根本的保证，是推进全面依法治国必须坚持的一项基本原则。事实上，党的领导和社会主义法治是一致的，后者必须建立在坚持前者的基础上，而前者又必须依靠后者，因而要把前者贯彻到依法治国的全过程和各方面。作为"法治中国"的重要组成部分法治农村，亦应当毫不动摇地贯彻党的领导，自觉接受党的领导。中国革命和建设的实践反复证明，党的领导是各项事业繁荣发展的根本保证。以往的历史实践也为推进农村基层治理法治化离不开党的领导提供了佐证。综合而言，历史、实践、目标、宪法等维度共同决定了我国法治建设必须坚持党的领导。

党的基层组织是团结带领群众贯彻党的理论和路线方针政策、落实党的任务的战斗堡垒，要健全党的基层组织体系，需要加强基层党组织带头人队伍建设。在农村基层治理法治化场域中，完善党的领导直接体现为加强农村法治型党组织建设、提高党员干部的法治素养，表现为组织建设与队伍建设。农村基层党组织不仅是推进农村基层依法治理的领导者、实践者和示范者，是贯彻落实党关于法治的路线方针政策的战斗堡垒，更是党转变执政思维和执政方式，实现依法执政和提高执政水平的基层承担者。只有将农村基层党组织打造成法治型党组织，才能切实提高农村基层依法治理的水平。同时，农村基层党员干部的法治素养直接关系着基层党组织领导、示范农村依法治理的质量、效率、水平，是推进全面依法治国的决定性因素。

1. 建设农村基层法治型党组织

既然要在农村实现依法治理，那么作为推进农村基层依法治理的领导者、示范者的农村基层党组织，自然而然地也应严于律己——向法治型党组织靠拢。应当看到，加强法治型基层党组织建设与推进基层治理法治化具有紧密联系、不可分割的辩证关系。这一辩证关系表现为：大力推进农村基层法治型党组织的建设是推进基层治理法治化的重要前提和根本保障，而推进基层治理法治化的过程，就是加强法治型党组织建设的过程。所谓法治型党组织，就是党组织以法治为导向，严格遵循依法执政、自觉维护宪法法律权威和捍卫宪法法律尊严、在宪法和法律及党章和党纪范围内活动，具有强烈的法治意识和法治思维，具有完备规范的党内法规体系，严格依法全面从严治党和管理党员干部，以及依法保障党员和公民的各项合法权益，在法治政府、法治市场和法治社会一体化建设中不断提高依法办事能力的党组织。可以预见的是，倘若农村每一个基层党组织皆成为法治型党组织，那么在基层党组织的领导下，"纸面上的法"在基层就会更加方便地走向"行动中的法"，从而为农村基层治理法治化提供根本保障。农村基层法治型党组织的建成，需要从农村的客观实际出发采取以下措施。

一是强化法治思维。这是打造法治型党组织的前提与基础。思想是行动的先导，农村基层党组织只有树立起法治思维，才能在农村法治建设中更高效地发挥领导、示范作用。农村包含乡镇与村两级基层党组织，是强化法治思维的对象。乡镇与村党组织在推进农村基层依法治理中应做到带头守法，自觉地运用法律约束与审视自身的行为，自觉提高运用法律规则解决问题的能力，自觉增强约束权力保障村民权利的意识，以依法、公开、透明的姿态致力于捍卫群众根本利益。应该说，在农村基层依法治理中起统领作用的乡镇党委更需符合前述要求，因为乡镇党委是农村基层依法治理的总领者，对其他主体具有强大的示范效应。

二是优化工作机制。这是建设农村基层法治型党组织的应然要求。在此之前，我国推进法治建设的重心更多地集中在城市及上级机关，这就导致了农村地区匮乏推进法治建设的各类资源，在很大程度上影响了法治农村建设的进度，也影响了法治型党组织的建设。因此，需要建立重心下移、力量下沉的法治工作机制，以适配法治型党组织建设。例如，在矛盾、纠纷多发区域设置法律服务中心，开辟一条及时反馈村民民意，化解矛盾纠纷的法治新路径。可以肯定的是，这种工作机制的建立健全，将为法治型党组织建设提供不竭的动力支持。总的来说，农村基层法治型党组织的建设，既要注重法治思维的培育，又离不开法治工作机制的优化。

2. 提高党员干部的法治素养

如果说建设农村基层法治型党组织体现的是完善党领导农村基层依法治理的组织体系的话，那么，提高党员干部的法治素养则是加强农村基层党组织人才队伍建设的表征了。完善党对依法治村的领导，既需要抓组织体系建设，也离不开党员干部自身法治素养的提高。只有组织体系建设到位，才能为完善党对依法治村的领导奠定组织、制度保障。党对依法治村的领导最终仍要具体化到每一党员干部身上，这意味着党员干部是否具有较高的法治素养直接关系着党领导依法治村的成败。因此，在推进农村基层治理法治化进程中，作为带头人、实践者的农村基层党员干部务必提升法治素养。具体而言，为更好地发挥党员干部在推进农村基层依法治理中的示范带动作用，可以主要从以下几方面着手提高党员干部的法治素养。

一是领导干部带头践行法治。领导干部是推进依法治村的"关键少数"，倘若其真正践行法治、树立正确的权力观，就能对党组织乃至整个乡镇党政系统形成强大的示范效应，有助于促使依法治村落到实处。例如，每年通过组织乡镇级村党组织领导干部参加县级或市级领导干部法纪知识考试，并将成绩纳入专门档案与年度考核，以此作为评优、职位晋升的重要依据，使领导干部把法治素养真正内化于心、外化于行。

二是开展各类干部培训班、进行定期法律知识考试与实践操作技能测试。在通过考核的党员干部中遴选出部分同志，组成相应的"送法下乡团"，为村民提供优质法律服务，增强党员干部法律理论联系实际的能力。如此一来，党员干部的法治素养在不知不觉中得以提高，党领导依法治村的队伍建设得以加强。

三是积极开辟优秀法治型人才发展成为党员的通道。从外部视角看，完善党对农村基层依法治理的领导离不开积极吸收优秀人才入党，尤其是吸收法治型人才加入党组织，以夯实党组织队伍建设。毫无疑问，伴随着优秀法治型人才的加入，党员干部之间必会形成帮带关系，法治素养在不知不觉间将得以提升。总之，只有具备法治素养，党员干部在农村基层治理实践中才能做到合乎法治要求，才能无愧于带头人的称号。

（二）建设乡镇法治政府

在现代社会，随着政府职能的不断扩张，法治更加注重对行政权力的控制，目的在于将行政权力控制在宪法和法律的范围内，以防止行政权力的滥用。政府是社会治理众多主体中极其重要的一员，加强法治政府建设是当前"法治中国"建设的重中之重。乡镇政府作为直接面对群众、与群众接触最多的行政机构，是厉行法治的重要场域，它是否讲法治及其法治化水平直接关系到群众的切身利益。在推进农村基层治理法治化中加强乡镇法治政府建设，就要求乡镇政府在法治的框架内发挥社会治理的职能，按照法治政府的要求推进各项工作，坚持依法行政、依法治理。

加强乡镇法治政府建设的途径主要是依法全面履行政府职能、健全依法决策机制、规范乡镇执法行为、健全政府责任体系、全面推进政务公开。具体而言，主要是要做到依法全面履行政府职能。应该说，这是法治政府的第一要义。"法定职责必须为、法无授权不可为"是对法治政府下依法全面履行政府职能要求的概括。这既表明政府不得逃避履行法定职责，也禁止政府控自法外设权，体现了对法治政府的"得为"与"不得为"的双重要求。从另一个角度看，依法全面履行政府职能意味着法治状态下的政府不但要积极履职，而且得是全面履职，凡是归属政府职责范围的事项就不允许选择性履职。因此，乡镇政府在履职时，务必以生效的法律法规为准，该放的放、该管的管，做到以法律为准绳。

二、建立健全农村纠纷预警机制

乡镇政府在推进农村实现善治过程中，应当着力建立健全农村纠纷预警机制，以便及时了解农村社会中潜在的纠纷和冲突风险，尽早剔除不稳定因素，及时采取化解措施，将纠纷化解在萌芽状态。任何事物都有其产生、发展的规律，农村社会纠纷也不例外，纠纷的发生总是一点一滴积累的结果。

因此，化解社会纠纷要及时掌握纠纷发生的源头，从纠纷发生的萌芽状态着手，避免因纠纷的进一步激化和大规模群体事件的发生而带来化解难度的增加。这就对建立社会纠纷预警机制提出了现实要求。社会纠纷预警机制，是对社会运行状况发出信号，显示社会可能或即将发生纠纷或者无序状态，以引起社会管理部门的注意，并及时采取相应对策，防止纠纷发生或激化，是社会运行保持有序状态的一套制度和方法。从整体上看，农村基层政府在构建农村纠纷预警机制时应以尽早发现、及时化解农村纠纷为目标。主要说来就是要做到以下几点。

一是农村基层干部必须从思想上高度重视这一机制。

二是建立科学的纠纷预警系统。该系统应当具备高水准、可操作性强等特征，这样才有利于做到在纠纷潜伏时期就能及时察觉、预告，使纠纷在萌芽状态就得到有效遏制。该系统主要包括指标体系、分级管理、信息收集和数据分析等内容。所谓指标体系，主要是指影响社会纠纷发生的主客观因素，重点做好涉及农村群众切身利益的征地拆迁、土地承包、涉法涉诉、弱势群体等问题的分析研判工作。所谓分级管理，是指在对指标体系进行科学分析的基础上对社会纠纷进行分级管理，将那些冲突程度明显、对社会稳定影响大的纠纷问题列为首要解决的问题，依此类推，以便及时准确地抓住主要纠纷分阶段分等级进行化解。所谓信息收集和数据分析，是指安排专门的机构和人员进行社会纠纷信息的收集和数据分析，收集的信息务必做到准确和及时；在此基础上对这些信息进行科学的分析和预测，以便尽早、及时化解纠纷。

三是建立健全重大事项稳定风险评估制度。面对关系人民群众切身利益、牵涉面广、易引发不稳定问题的公共事务决策时，要对该决策的合法性、合理性、可行性和可控性进行科学的评估和论证，并制定相应的措施以应对不稳定因素。重大事项稳定风险评估制度应当包括评估的原则、机构、程序和内容，应保证这一制度的常态化运行。

四是建立健全社会纠纷排查制度，以最大限度地减少消极因素，最大限度地调动积极因素，最大限度地把纠纷解决在萌芽状态，最大限度地减少对公民和社会的实质性伤害。农村基层政府要完善政府公共机制，加大政府在农村医疗、保险和农民工就业等方面公共政策的投入力度，从源头控制农村纠纷的产生。

三、完善农村多元便民调解机制

调解是借助说服教育的方式，在纠纷当事人中达成协议，进而化解纠纷的一类活动。为了高效地化解农村纠纷，需要大力进行多元调解体系建设。

第一，积极推动农村各类调解组织的发展。只有在存在较多调解组织的基础上，才能为发挥调解的重要作用奠定基础。目前来看，达成的调解协议的法律效力不强是一大制约因素。因此，针对达成的协议，可通过法院开展司法确认，赋予相应的强制执行力。

第二，完善农村多元化调解的规则制度。该纠纷化解机制应该涵盖程序与规范，但现实中基层司法机关与村委会等组织都确立了独特的调解制度规定。因此，面对类型持续变化的农村纠纷，需要加强实践经验的总结工作，补充并确定新的调解形式与规则制度，以满足纠纷化解的需求。

第三，根据每个农村实际状况的不同，应该积极关注民间化解方式的可取之处，从而保持其和当今法治的整体谐和性。推动国家法制与民间纠纷化解方式的协调统一，发挥二者保持社会秩序的共同作用，有利于更加高效地化解农村纠纷。

第四，还应积极运用和解方式来消除纠纷。针对和解方式的约束力不足的现状，可以考虑采取书面形式的方式将和解结果确定下来。假如该纠纷又一次爆发，那么基层政府或村委会先行对纠纷双方此前达成的和解协议进行相应审查，对该协议的合法性与有效性做出判定，再根据情况决定是否予以强制执行。由此可见，形成书面的和解协议是必不可少的，如此必然要求纠纷双方具备一定的素养。但是，由于大多数农民都不具备法律专业知识，所以需要着力推进农村公共法律服务建设。

四、建立农村便民诉讼联系机制

法治是社会纠纷化解的最佳方式，也同样是消解农村各类纠纷的最佳方式。为此，应该充分发挥司法诉讼作为法治的最后救济手段的作用。然而，由于农村大多数地区远离法院所在地，这就必然导致农民诉讼的不便。因此，为更好地解决纠纷，农村便民诉讼联系机制建设的必要性日益凸显。

（一）建立农村便民诉讼联系点

在农村建立便民诉讼联系点，对于解决农村因法院真空带来的起诉不便无疑具有重要意义。当然，该联系点的作用仅在于便民起诉（例如提交诉状），而不是代替法院审判。因此，在没有法院或派出法庭的广大农村可设置一个方便群众的联系点，通过邀请本地威望较高的人出任联系人的方式，打造基本的便民诉讼网络。

（二）关注诉讼举证指导的技巧性

农民的文化素质不高、处理问题的能力不足是当前社会的一大客观现象。因此，针对这些纠纷当事方，相关工作人员就要有足够的耐心，通过通俗易懂的交流表达，持续地指导当事方举证。举证确有困难或不便由当事人举证的，可以通过审判人员调取证据。

（三）发扬"马锡五审判方式"

这一审判方式与农村具有很强的契合性，既解决了案件纠纷，维护了农民权益，又不耽误农时。在农民院落或者田间地头开展审判，通过观看庭审的直观方式，并且用身边熟悉的人和发生在身边的事进行教育和感化，这种以案释法的效果会比其他普法宣传更好，有助于进一步增强农民的权利意识，推进农村基层依法治理。

（四）强化农村便民诉讼教育

开展专门的教育活动是强化农民运用法律进行救济的能力的需要。例如，举办"送法进屋""送法进校"等实践活动，设立有关诉讼知识的宣传栏，定期更新并派发载有审判流程、诉讼费收取标准、起诉及举证时效等内容的宣传资料。此外，在农村固定区域（如村委会）成立诉讼指导室，组织法官等专业人士坐班接待，解答农民的法律咨询，从而增强其诉讼能力。

五、完善农村土地纠纷仲裁制度

要积极完善农村土地纠纷仲裁制度，实现土地纠纷化解更为便民化，维护农民权益。总的来说，完善措施主要有几种。

（一）仲裁机构的性质"去行政化"

《中华人民共和国农村土地承包经营纠纷调解仲裁法》规定：农村土地承包仲裁委员会在当地人民政府指导下设立。设立农村土地承包仲裁委员会的，其日常工作由当地农村土地承包管理部门承担。可见，在机构的设置上，该法做出了把仲裁机构和土地管理部门密切地绑定在了一起的规定。很明显，这与机构的设置宗旨不协调。农地纠纷仲裁机构要体现出独立性，为保障公正裁决就不能和行政机关存在密切的联系。因此，有必要在前述法条中增加"仲裁委独立于当地行政机关，并负责其日常工作"的有关规定，以保障其独立性、公正性。

（二）仲裁机构的设置便民化

按照现行法律的规定，仲裁机构的设置被限制在设区的市、不设区的市及县（市辖区），这就意味着在广大的农村地区存在机构真空。因此，《中华人民共和国农村土地承包经营纠纷调解仲裁法》的设置与《中华人民共和国仲裁法》的内容不同。此外，因为农作物的生长与管理具有明显的时效性，假如纠纷耗时过久反倒容易耽搁农时。鉴于此，从便民的角度出发，对现行法律规定进行修缮，将在农村地区采取派出仲裁庭的方式确立下来，既填补机构真空，又更加贴近、方便群众。

（三）确立"仲裁终局"原则

这是域外国家广泛确认的一项基本原则，这有利于保障仲裁裁决的权威性，便于使仲裁的优势获得更充分的发挥。《中华人民共和国农村土地承包经营纠纷调解仲裁法》：当事人不服仲裁裁决的，可以自收到裁决书之日起三十日内向人民法院起诉。逾期不起诉的，裁决书即发生法律效力。这就表明在经过仲裁程序后，该案还可能进一步占用国家司法资源。因此，确立"仲裁终局"原则将为农地纠纷仲裁实行"或裁或审"制度提供保障和法理依据，树立农地纠纷仲裁的法律权威，从而发挥农地纠纷仲裁程序的分流作用。

六、建构农村纠纷行政化解机制

在农村纠纷化解机制的众多方式中，不应忽视行政化解方式的独特意义。行政化解机制是指积极发挥农村基层行政机关的独特作用，从而实现纠纷快速、合理解决的途径选择。通过运用行政化解方式，亦可较好地达到消解纠纷的目的，实现纠纷的合理分流，这同时非常有利于节约司法资源。因此，应该发挥农村纠纷行政化解方式的作用。应该说，现有法律中对此进行了相关规定。例如，《中华人民共和国农业法》《中华人民共和国土地管理法》《中华人民共和国水法》等，对农村纠纷的处理做出了相应的规定，也为行政机关依法化解相应纠纷提供了明确的法律依据，有利于实现纠纷化解的便利化与权利救济渠道的多样化。然而，我们也应当看到，现实生活中还存在大量的纠纷未被纳入具体法律部门中，即没有明确的法律依据，导致相关纠纷迟迟难以解决。有学者把此类难以通过法律渠道解决的纠纷界定为法治剩余问题。

针对法治剩余问题，既不能完全依靠法院诉讼方式，也不能大开信访渠道的"口子"。因此，基层行政机关在具体化解法治剩余纠纷时，正确的做法是把单个的纠纷置于基层社会治理视域中，把纠纷当事方的利益关系置于社会网络中处理，全面考虑纠纷之外的直接与间接因素，积极利用法与情等正式与非正式资源，最终将纠纷点平息并使基层社会重归和谐有序的状态。如果因社会条件的变化致使先前积极实现的社会相对和谐有序的状态被再次打破，那么基层政府应当针对出现的新纠纷再次启动社会纠纷化解机制。

基层行政机关也应重视构建起消解农村纠纷的责任机制，以便能更好地促进农村基层治理。一是实行责任追究机制。具体的责任追究包括对纠纷当事人的责任追究和对化解主体的责任追究。实践中，要坚持对纠纷化解主体不作为的责任追究，落实"属地管理"等原则，把责任具体落实到纠纷处理的单位或个人，加大对纠纷调处的监督力度。另外，应选拔综合素质过硬的优秀人员从事行政执法工作，经常对相关工作人员进行法律知识培训，以适应新形势、新任务的需求。二是建立事后监督回访机制。纠纷化解工作要真正落到实处，必须有相应的监督机制。这就要求做到定期回访双方当事人，了解农村纠纷的实际化解情况，减少纠纷的反复发生，促进纠纷的妥善解决。三是落实信息整理与反馈工作。各农村纠纷调处机构应经常对纠纷化解的工作经验和教训进行总结，对纠纷化解中所发现的问题和原因进行归纳总结，并将这些信息及时反馈给相关的机构或者个人，以便从宏观政策及制度规范层面及时进行完善和改进。这样一来，根据信息反馈情况，就能采取不同的纠纷预防措施，促进多元化解机制的良性循环与运转。

综上而言，农村社会纠纷消解法治化机制的完善是一项系统复杂的长期工程，需要国家、各级党委与政府、社会、普通公民等各个层面的努力，也需要从不同视角进行探索与尝试。全面依法治国为这一机制的完善创新提供了全新的视角与思路。就此而言，为推动农村基层治理法治化，我们要主动适应法治建设和依法治国的要求，积极吸取该机制运行的经验教训，努力完善好社会纠纷消解机制，全面、有效、及时地预防与化解农村社会纠纷，让法治思维和法治方式消解农村社会纠纷成为常态化的运行机制。

参考文献

[1] 曹贤信，何远健，左群. 农村基层治理法治化的理论与实践［M］. 南昌：江西高校出版社，2018.

[2] 黄涛，朱悦蘅、农村产权制度变革与乡村治理研究［M］. 北京：商务印书馆，2018.

[3] 朱士华. 社会治理及其现代化探索［M］. 北京：九州出版社，2018.

[4] 刘大洪. 经济发展中的法治与效益研究 2015—2016［M］. 武汉：湖北人民出版社，2018.

[5] 陈高宏，吴建南，张录法. 像绣花一样精细城市治理的金山实践［M］上海：上海交通大学出版社，2018.

[6] 李建华. 国家治理与政治伦理［M］. 长沙：湖南大学出版社，2018.

[7] 杨述明. 乡村旅游与后乡村治理［M］. 武汉：湖北人民出版社，2018.

[8] 黄涛. 地方立法与社会治理理论与实践［M］. 济南：济南出版社，2018.

[9] 田春艳. 法治视阈下农村生态环境治理研究［M］. 天津：南开大学出版社，2019.

[10] 桂华. 社会组织参与农村基层治理研究［M］. 武汉：华中科技大学出版社，2019.

[11] 黄松涛. 法治中国建设理论与实践探究［M］. 北京：经济日报出版社，2019.

[12] 黄梅兰. 依法行政与法治政府建设［M］. 兰州：甘肃人民出版社，2019.

[13] 赵先超，周跃云. 乡村治理与乡村建设［M］. 北京：中国建材工业出

版社，2019.

[14] 吴宝新，张光连. 北京农村研究报告 2018 [M]. 北京：中国言实出版社，2019.

[15] 汪劲，王社坤. 生态环境监管体制改革与环境法治 [M]. 北京：中国环境科学出版社，2019.

[16] 刘新卫，赵崔莉. 乡村振兴视域中的农村土地整治 [M]. 北京：知识产权出版社，2019.

[17] 王遂敏. 新时期乡村振兴与乡村治理研究 [M]. 北京：中国书籍出版社，2019.

[18] 杨振宁，董燕. 基层社会协同精细治理的理论与实践 [M]. 合肥：中国科学技术大学出版社，2019.

[19] 续慧杰，满小欧. 中国农村社区治理报告 2020 版 [M]. 北京：中国社会出版社，2020.

[20] 冉勇. 基于乡村振兴战略背景下的乡村治理研究 [M]. 长春：吉林人民出版社，2021.

[21] 李细香，黄海燕. 新时代社会工作参与社区治理的理论与实践 [M]. 北京：北京工业大学出版社，2020.

[22] 田志梅，王玉香. 如何破解社区治理难题：基于山东省的调查研究 [M]. 北京：九州出版社，2020.

[23] 于伟. 区域发展和治理的探索与实践：2019 年镇江发展研究报告 [M]. 镇江：江苏大学出版社，2020.

[24] 曹雄彬，傅贻忙. 新时代湖南省乡村振兴与新型城镇化的耦合协同研究 [M]. 北京：北京理工大学出版社，2020.

[25] 张晓山. 乡村振兴战略 [M]. 广州：广东经济出版社，2020.

[26] 袁建伟，曾红，蔡彦，等. 乡村振兴战略下的产业发展与机制创新研究 [M]. 杭州：浙江工商大学出版社，2020.

[27] 洪碧华. 新时代农村基层治理法治化研究 [M]. 北京：中国原子能出版社，2021.

［28］温晓燕. 乡村法治建设研究［M］. 长春：吉林人民出版社，2021.

［29］吕德文. 基层中国国家治理的基石［M］. 北京：东方出版社，2021.

［30］印子. 乡村治理能力建设研究［M］. 西安：陕西人民出版社，2021.

［31］谭鑫. 乡村治理体系和治理能力现代化研究［M］. 昆明：云南科技出版社，2021.

［32］吕德文. 大国底色巨变时代的基层治理［M］. 北京：东方出版社，2021.